통일한국을 위한
고독한 산책

통일한국을 위한
고독한 산책

■ 이헌근 지음

이 저서는 2016년 대한민국 교육부와 한국연구재단의 지원을 받아 수행된 연구임. (NRF-2016S1A5B5A07919793)

목차

산책을 시작하며

"발해를 꿈꾸며"

2018년 4월 27일 판문점 남북정상회담 만찬이 끝나고, 이어진 '하나의 봄'이라는 주제의 환송 행사에서 서태지와 아이들의 가요 '발해를 꿈꾸며'가 울려 퍼지던 감격의 순간을 잊을 수 없다. 그 노래의 가사에는 한민족의 발원과 분단된 우리 민족이 극복하고, 지향해 나가야 할 길이 담겨있다.

> "진정 나에겐 단 한 가지 내가 소망하는 게 있어
> 갈려진 땅의 친구들을 언제쯤 볼 수가 있을까
> 망설일 시간에 우리를 잃어요
>
> 한 민족인 형제인 우리가 서로를 겨누고 있고
> 우리가 만든 큰 욕심에 내가 먼저 죽는걸
> 진정 너는 알고는 있나 …
>
> 언젠가 나의 작은 땅에 경계선이 사라지는 날
> 많은 사람이 마음속에 희망들을 가득 담겠지
> 난 지금 평화와 사랑을 바래요 …"

이날 양국 정상은 소위 판문점선언, 즉 '한반도의 평화와 번영, 통일을 위한 한반도 선언'에 공동 서명했다. 공동성명에서 양측은 "남과 북은 민족경제의 균형적 발전과 공동번영을 이룩하기 위해 10·4선언에서 합의된 사업들을 적극 추진해나가며 1차적으로 동해선 및 경의선 철도와 도로들을 연결하고 현대화해 활용하기 위한 실천적 대책들을 취해나가기도 했다"고 밝혔다. 이후 문재인대통령의 평양방문, 싱가포르와 판문점에서의 북미정상회담 등 분단 이후 한반도 변화에 새로운 가능성이 열리고 있다.

'아메리카 퍼스트'와 '차이나 퍼스트' 사이에서 분단민족인 우리는 지혜롭게 '코리아 퍼스트'의 길을 찾아야 한다. 성장의 한계와 분배 요구의 증폭, 빈부 격차와 세대 격차의 확대, 노령화와 저출산, 4차산업혁명과 급격한 경제 패러다임의 변화와 미·중·일의 압박 등 우리는 무엇으로 당면한 대한민국의 총체적 위기를 극복하고, 나아가 이를 기회로 전환할 것인가? 필자는 '코리아 퍼스트'의 시작은 분단 현실에 대한 자성적 인식과 이를 극복하려는 사회적 공감대의 확산에서 가능하다는 생각이다. 따라서 본 연구는 분단 대한민국이 당면하고 있는 '운명적 고독'을 새롭게 직시하고, 이를 극복하고자 하는 근원적 노력의 일환이다.

문재인 정부는 남북관계와 한반도의 미래 청사진을 다음과 같이 제시하고 있다. 즉, "전쟁 위협이 사라진 한반도에 경제가 꽃피우게 하겠다. 남북이 아우르는 경제공동체는 대한민국이 만든 '한강의 기적'을 '대동강의 기적'으로 확장시켜 세계 경제 지도를 바꾸는 '한반도의 기적'을 만들어 낼 것" 문재인

대통령은 취임후 2017년 6월 1일 제주포럼 영상 기조연설을 통해 남북경제공동체는 한반도와 동북아시아에 평화체제를 정착시키는 역할을 할 것임을 강조한 바 있다(중앙일보 2017. 6. 2일자 1면).

'대동강의 기적'은 그 바탕이 남북관계 개선과 북한의 정상국가화이며, 또한 한반도 평화를 위한 국제적 협력이 '성공조건'이라고 생각한다. 필자는 '대동강의 기적'보다 '두만강을 통한 동북아 협력지대 창출이 훨씬 더 한반도는 물론 동북아 평화에 현실성이 있음을 여러 연구들을 통해 강조한 바 있다(이헌근, 2016).

그럼에도 불구하고 남북관계의 가장 큰 적은 우리 내부의 분열과 상호불신이다. 분단 70여 년이 지나면서 남북한 간의 이질화와 더불어, 우리 사회 내부에도 분단으로 인한 이념적, 심리적 분열과 분리의식이 자못 심각하다. 우리 사회가 지닌 다소 이분법적인 적대의식과 피해의식, 그것들이 자연발생적이건 혹은 인위적인 요인들에 의한 표상들이건, 이를 극복할 사회적 필요성이 시급한 현실이다. 분단 극복과 평화로운 미래를 위해 우리 사회 내부의 화해와 치유 역시 선행되어야 할 과제임에 분명하다. 이를 필자는 사회적 합의(social consensus) 혹은 사회계약(social contract)의 개념으로 설명하고자 한다.

유럽의 역사적 화해와 통합과정이 보여주었듯이, 민주주의와 평화, 경제적 번영은 함께 흐른다. 따라서 남북한 관계 진전과 동북아 평화 역시 함께 풀어나가야 할 매듭이다. 이 '구상'의 현실적 실현가능성 역시 남북한 신뢰, 국제적 지지와 참여에 수준에 의해 결정될 것이다.

한반도 신경제지도 구상은 남북연합의 성공을 지향하고, 남북한이 함께 만들어갈 수밖에 없다는 점에서 '구상'이란 명칭은 언제나 적절하다. 그런면에서 한반도 신경제지도 구상은 남북이 함께 만들어가야 할 한민족의 미래상이며, 북한의 경제발전계획과 우리의 구상이 긴밀하게 연결되어야 할 운명이다. 궁극적으로 이 구상은 성공적인 남북연합을 통해 구체화될 수 있는 한민족의 미래 그림을 담는 도화지이기도 하다.

한반도 신경제지도 구상은 남북한의 화해와 협력 그리고 무엇보다 신뢰의 바탕 위에서 첫발을 내디딜 수 있다. 그러므로 신경제지도 구상은 상대방에 대한 이해와 배려, 상생과 공존, 번영이라는 윈윈 전략에서 한 걸음 더 나아갈 수 있다. 통일부는 성급하게 이 '구상'을 마무리 지으려 욕심내어서는 안된다. 어쩌면 이 '구상'은 끝없는 미완의 작품, 한민족의 미래상, 지향해야 할 유토피아를 담아가는 과정이다. 또한 이 '구상'은 남북이 함께 바라보고, 함께 나아가야 할 미래를 담아가는 중대한 작업이며, 미래 한반도의 가치를 창출하는 시대적 소명이기도 하다.

필자는 최근 취임한 독일대통령의 말에서 그 해법을 발견할 수 있을 것으로 생각한다. 프랑크 발트 슈타인마이어 대통령은 2017년 3월 12일 취임전 일성으로 '독일이 희망이다. 용감하게 전진하자'라는 당선 소감을 밝힌 바 있다. 즉 "민주주의

가 작동하는 독일이 이 어려운 시기에 닥친 세계에서 안정을
위해 싸워야 할 책임이 있다." 독일이 과거 두 차례 전쟁을
지나고 전체주의(나치즘)를 극복하고 나서 "전 세계의 많은
사람에게 희망의 닻이 됐다는 것이 얼마나 근사한가"라면서
독일인들이 이에 대해 자부심을 가져야 한다고도 했다(국제신
문 2017년 2월 13일자 13면).

　위에서 언급한 독일대통령 당선인의 일성은 통일독일의 자
신감, 세계의 안정과 평화에 대한 독일지도자의 책임감과 '희
망의 닻'이라는 자부심 그리고 무엇보다 지도자가 국민에게
주는 희망의 메시지는 참으로 부러움 그 자체다. 당시 촛불과
태극기가 광화문 광장을 이분화하던 우리의 자화상과 오버랩
되며, 필자는 참으로 많은 회한에 잠겼던 기억이 있다. 다시금
근원적인 물음으로 되돌아온다. 분단과 분열된 대한민국은 무
엇으로 살아남을 것이며, 어떻게 세계에 기여할 것인가?

　희망이 미래를 만든다. 희망만이 살 길이다. 일제의 식민통
치, 남북 분단과 6·25전쟁, 군사독재와 전체주의 독재, 이념적
폐쇄성과 극단적 적대감 등 불행한 경험과 아픈 역사의 한반도
면 훗날 역사에서 바라보면, 아픈 역사도 손해만이 아니고, 보
다 성숙되어 우리 사회의 갈등을 풀어가는 지혜가 될 수 있음
을 기억하자. 북한의 정상국가화는 한반도의 미래와 희망을 여
는 첫걸음인 동시에 통일을 향한 역사적 산책의 출발점이다.

　마지막으로 독일 분단과 통일의 역사와 경험에서 배운 필자
의 깨달음과 자각을 공유하며, 이 글을 맺는다.

"통일의 완성은 상대방에 대한 존경과 배려, 나눔의 정신에 있다. 개인주의와 물질주의에 매몰된 우리의 정신을 되돌아보고, 인성 회복의 중대한 계기가 되는 한민족의 위대한 탄생을 기대한다."

이 저서는 2016년 대한민국 교육부와 한국연구재단의 지원을 받아 수행된 연구임 (NRF-과제번호)(NRF-2016S1A5B5A07919793)을 밝힌다. 특히 본 저서의 제5장은 "한반도 지정학적 가치 극대화를 위한 북한의 정상국가화 방안"이라는 제목으로 학회에 발표되었고, 한국연구재단의 지원으로 본 연구가 수행된 사연을 언급하며 감사드린다. 본 저서의 일부 내용은 2001년 『통일, 민족주의 그리고 제3의 길』, 2015년 『한반도의 지정학적 가치를 넘어서: 창조적 가치와 통일 담론』 외 필자의 저서들에서 이미 소개된 글임을 밝힌다. 비록 오래전에 필자가 쓴 글이지만 이 시대를 사는 모든 국민이 사유하고 고민해야 할 주제들을 담고 있고, 또한 우리 사회에서 활발하게 통일과 한민족 통합 문제에 대한 담론의 장이 다시 열리기를 희망한다. 절망과 패배의식, 적대감으로는 세상을 바꿀 수 없다. 운명을 뛰어넘는 건 언제나 희망과 용기이다. 평화로운 세상의 중심에 통일한국이 자리하길 소망한다.

2019년 8월 광복절에 고도를 기다리며

一加 李 憲 根

북한, 통일 그리고
한민족 미래전략 담론

I. 서론

금융위기, 식량위기, 에너지위기 그리고 지구온난화 등으로 인한 예측할 수 없는 환경위기 등 어쩌면 과학의 발전을 과신해온 21세기 인간은 역설적으로 '만성적 불확실성의 시대'에 살아가고 있다. 또한 양극화 시대, 넘치는 정보와 지식의 네트워크에도 불구하고 소통 부재의 시대, 열린 담론 부재의 시대를 살아가고 있다. 이제 21세기 한민족의 미래와 관련하여 우리의 현실을 직시하고 미래를 준비하는 담론을 시작해보고자 한다.

위기와 기회는 항상 함께 한다. 위기를 위기로 제대로 인식할 수 있을 때에만 위기를 슬기롭게 기회로 반전시킬 수 있다. 하물며 기회를 기회로 알지 못하면 그 민족에게 미래는 없다. 현재의 우리는 어떠한가? 긴박한 국제환경의 변화에 슬기롭게 적극적으로 대처하고 있는가? 현실을 직시하는 정확한 눈을 가졌는가? 아울러 올바른 현실인식을 통해 미래를 동시에 볼 수 있는 시각과 생각의 패러다임이 존재하는가? 나아가 희망과 미래에 대한 비전으로 가슴이 뛰고 있는가?

우리의 미래와 희망을 생각할 때 가장 먼저 해결해야 할 과제는 단연 분단과 통일일 것이다. 그럼에도 불구하고 최고의 고민 가운데서도 으뜸인 이 주제에 대한 우리 사회 내의 치열한 담론은 보이지 않는다. 이는 분단과 전쟁 그리고 냉전으로 인한 오랜 이념·체제 경쟁이 낳은 사고와 담론의 경직성에 기인하리라.

이 땅에 사는 우리는 북한 문제를 해결하지 않고 대한민국은 영원히 평화로워질 수 있는가? 번영할 수 있는가? 행복할 수 있는가? 자유로워질 수 있는가? 북한 문제의 궁극적 해결은 무엇인가? 통일만이 유일한 길인가? 통일을 위해 무엇을 준비해야 할 것인가?

분단으로 인해 한반도는 섬 아닌 섬이 되어 있다. 대륙으로 나아가기 위해서 반드시 통일과 중국·러시아를 활용해야 세계사의 주역이 될 수 있음이 우리의 숙명적 과제이다.

이 글은 한민족이 향후 운명적으로 담론을 통해 소통해야 할 문제제기에서 비롯된다. 우리의 미래와 희망을 위해 열어야 할 담론의 공간은 '북한, 통일, 마침내 평화'라는 키워드가 될 수 있을 것이다. 우리의 아픔, 간절함을 넘어 마침내 소원이 이루어지는 그 날을 향해 담론의 일단을 시작할까 한다.

Ⅱ. 패러다임 전환과 북한 그리고 통일 담론

1. 담론 1: 북한을 보는 시각

'북한은 왜 붕괴하지 않는가?' 그리고 '붕괴해서 안 될 이유들은 무엇인가?'에 대한 의문에서 북한을 바로 볼 수 있어야 한다. 근본적으로 북한을 보는 시각이 다양해질 때, 우리의 사고와 미래의 통일 과정 역시 당위의 편협한 사고에서 자유로워질 수 있다.

1990년대 구소련 및 동유럽 사회주의 국가들의 해체 과정, 즉 자유화 민주화 과정을 지켜보면서 북한의 붕괴 시나리오에 관한 연구들이 쏟아져 나온 적이 있었다. 그리고 최근 북한 지도자 김정일의 건강과 관련하여 또 다시 북한의 미래와 한반도 통일에 대한 논의가 관심사로 등장하게 되었다.

20세기 말부터 지금 이 순간까지 북한은 세계사의 큰 소용돌이 한 가운데 놓여있다. 1980년대 후반 이후 세계사를 뒤흔든 사회주의권의 대변혁, 구체적으로는 동유럽의 자유화·민주화, 독일통일과 소비에트 연방의 해체, 북한 핵문제와 미사일문제로 인한 국제사회에서의 고립과 6자회담 등 체제위기와 경제위기로 생존의 기로에 놓여 있었다. 내부적으로는 김일성 사망 이후 본격화된 식량위기와 에너지난 등 심각한 경제위기를 고난의 행군으로 버텨왔고, 또한 두 차례에 걸친 남북정상회담과 개성공단 가동 및 금강산 관광 등을 통한 대남협력과 경제적 지원은 이러한 위기를 버티는 힘으로 작용하였다. 그리고 최근에는 시장경제의 도입으로 미미하지만 북한 주민들의 생존력과 생명력을 키우는 결과를 낳고 있다. 역설적이지만 시장화가 북한의 체제유지에 기여하고 있다는 점에 주목할 필요가 있다.1) 1990년대 중반 이후 경제난·식량난이 본격화되고 고난의 행군을 죽음으로 이겨내며 북한은 어쩔 수 없이 시장경제의 메커니즘을 수용하게 되었다. 이제 북한 주민들은 위기에 대한 면역력과 동시에 생존력 혹은 적응력이 강화된 것으로 볼 수 있다. 2008년 현재 세계적인 식량가격 폭등 등 여전히 절대적으로 부족한 식량으로 북한 주민들이 버텨가고 있지만, 지난 세월과 같은 대규모 아사자의 발생은 면하고 있음도 이러한 점을 증명한다고 할 것이다.

북한은 한민족 평화와 번영을 위해 함께 가야 할 숙명적 동반자이다. 때로는 불편하고 야속한 관계이기도 하지만, 우리 모두의 행복을 위해 저버릴 수 없는 '한 몸'과 같은 존재이다. 통일은 우리의 현실이자 미래에 관한 문제인 동시에, 민족 번영과 평화를 위한 희망의 문제이기도 하다. 그럼에도 불구하고 우리 사회에는 통일에 대한 담론이 점차 사라지고 있고, 시간이 흐를수록 그 관심은 더욱 낮아질 것이다. 통일문제에 무관심하거나 불필요하다고 생각하는 젊은 층, 북한의 붕괴가 통일을 앞당길 것이라고 생각하는 보수진영 혹은 기성세대들,

---

1) 임수호, 『계획과 시장의 공존: 북한의 경제개혁과 체제변화 전망』, 삼성경제연구소, 2007.

무조건 통일만이 살 길이라는 진보진영의 통일론자들, 소리는 없으나 실재로는 존재하는 어떤 경우든 통일을 원치 않는다는 기득권 세력과 반통일세력, 막연한 경제적·심리적 부담감으로 인한 통일부담론자들인 대다수 시민들의 수가 점차 많아지고 있다. 따라서 막연한 통일에 대한 공포감, 부담감 그리고 통일의 가치와 가능성에 대한 무지함에서 오는 반대를 줄여나가고, 오히려 통일이 한민족의 희망과 가능성을 열어 나갈 수 있는 미래 공간임을 깨달아야 한다.

따라서 북한과 통일에 대한 담론이 확산되고 가치가 공유되는 사회적 현상은 바람직하다. 단, 의도적인 노력에 의한 담론은 지양되고 자연스러운 논의들이 사회적으로 확산되고 공감대가 형성되어야 한다. 최근 북한 선진화 논의, 북한 경제개발 논의, 북한 민주화와 인권 논의[2] 등 다양한 논의들이 사회 일각에서 제기되고 있다. 냉전시기 이분법적이고 다소 흑백논리적인 이념·체제논쟁에서 일부 진일보한 것은 사실이지만, 현재로서는 특정한 잣대로 북한을 평가하고 때로는 인권 논의 등으로 인한 자극이 오히려 역효과를 낼 수 있다. 그런 면에서 현재의 북한 논의는 북한을 바라보는 시각의 확산, 열린 마음으로 북한을 수용할 수 있는지 우리 스스로를 돌아봄, 나아가 북한과 통일에 대한 우리 내부의 미래지향적이고 희망적인 가치공감대 형성을 위한 사회적 합의가 선행되어야 한다. 불행스럽게도 우리 여전히 진보와 보수, 뉴 라이트와 선진화

---

2) 허만호, 『북한의 개혁 개방과 인권』, 서울: 명인문화사, 2008.

논의 등 자유로운 담론의 자세도 갖추어지지 못하고 있어서 안타까운 형국이다.

　지난 10년 간 북한의 변화를 새롭게 인식하고, 그 가능성과 한계를 성찰할 수 있는 안목이 요구된다. 북한이 중국처럼 경제적 성과를 거둘 수 없었던 이유는 다음과 같이 분석할 수 있다. 첫째, 지도자의 리더십 부재의 이유다. 지난 세월 북한과 중국은 폐쇄사회·명령·계획경제라는 공통점에도 불구하고 '우물 안 개구리' 지도자(김정일)를 가진 점이 북한이 불행한 가장 큰 원인이라 할 수 있다. 둘째, 김일성이라는 뛰어난 리더십 소유자의 역량에 의존했던 북한 사회의 무능과 신격화된 유일사상에 의한 마비현상을 들 수 있다. 요컨대 경제위기와 식량위기 속에서, 심지어 아사 직전 상황에서도 지도자가 혹은 당에서 모든 것을 해결해주리라 기대했던 북한 주민들의 무대응은 결국 대량의 아사자를 낳은 비극을 초래했다. 이는 북한이라는 사회의 독특한 면을 설명하는 적절한 예가 될 수 있다. 셋째, 유일체제와 명령경제에 물든 북한 주민의 자주적 사고와 행동능력 부재를 경제실패의 원인으로 지적할 수 있다. 넷째, 북한의 국제적 고립이 경제위기의 원인 가운데 하나이다. 북한 지도부는 미사일과 핵을 통한 체제유지 혹은 체재생존의 전략을 선택하였고, 그 결과 당초의 목표인 체제는 근근이 유지가 되고 있지만 여전히 어려움에 직면하고 있다. 이는 결국 근시안적 선택이었고, 결과적으로 주민들의 어려움을 가속화시켰고, 따라서 향후 북한 체제는 더 큰 위기에 직면할 수 있을 것이다.

북한은 세계사의 흐름을 읽지 못하는 지도자, 생존전략으로서의 북한 핵과 미사일, 그리고 이로 인한 국제사회에서의 고립, 내부적으로는 폐쇄적 사회구조와 관료주의의 병폐, 경제적 기반산업과 기술 부족, 그리고 주민들의 심리적 쇠퇴 등 많은 한계를 지니고 있다. 이에 반해 북한의 가능성은 중국의 자원과 시장, 남한의 기술과 경제협력·투자, 북한의 자원과 노동력, 그리고 시장경제 도입으로 인한 주민들의 생존의지 등이 주목할 만한 내용들이 될 것이다.

이상의 논의에서 지난 10년 간 북한은 피할 수 없는 세계사의 흐름에 비록 느린 속도지만 함께 하고 있다는 점에서 북한의 가능성을 찾고자 한다. 시장화와 개혁·개방의 필요성 그리고 인민들의 욕구 증대, 생존의지와 방법 자각 등 새로운 가능성을 죽음의 경험을 뛰어넘어(beyond death) 찾고 있다. 북한의 변화는 경제에서 시작되어 당을 비롯한 관료조직으로, 그리고 마지막으로 군대로의 변화과정을 겪게 될 것이다. 우리는 이러한 북한의 변화, 그 가능성과 한계를 정확히 성찰하고 미래를 위한 준비에 지혜를 모아야 할 때다. 다음은 북한의 현실을 직시할 수 있는, 그리고 다양한 시각으로 남북한의 현실을 읽을 수 있는 글이라 생각하여 인용한다.

"심화된 남북의 국력격차와 북한에 불리하게 전개되는 국제정세, 그리고 파탄지경의 경제로 인해 북한은 흡수통일과 북침의 공포증에 시달리며 생존전략을 추구하고 있습니다.

그런데 우리는 북한의 능력을 과대평가해왔습니다. 물론 자살적 공격능력을 보유하고 있는 북한을 결코 과소평가해서는 안 되겠지만, 과대평가는 더 큰 문제입니다."[3]

2. 담론 2: 통일을 생각하는 방법론

'왜 통일을 해야 하는가?' 이는 곧 통일의 당위성·보편성을 의미할 것이다. '어떤 통일을 이룰 것인가?' 이는 통일의 과정과 내용을 포괄한다. '어떻게 통일을 이룰 것인가?' 이에는 통일의 과정과 체제를 함께 담아야 할 물음이 될 것이다.

특히 '왜 통일을 해야 하는가?'라는 물음은 우리만의 것이 되어서도 안 되며, 세계적으로 공감대를 형성할 때 진정한 통일의 가치는 배가될 것이다. 따라서 이 문제는 국제적인이고 세계사적인 '한반도 통일을 위한 지구적 시각' 공유를 위한 노력이 담론화되어야 하고, 우리는 이를 민족번영과 통일, 평화를 위한 전략으로 삼아야 한다. 한반도 분단체제 극복은 진정한 의미에서 냉전체제의 종식과 인류의 화해과정이며, 동북아 평화는 물론 세계평화의 첩경이라 할 수 있다. 이와 관련하여 백낙청 교수는

"분단체제의 극복은 단순한 분단 극복과 구분되어야 합니다. 어떤 식으로든 통일만 하면 분단은 극복되겠지만, 남북분단을 통해 형성된 현실보다 더 나은 체제를 한반도에 건설할 때 비로소 분단체제는 극복됩니다. 경우에 따라서는 국토분단만 사라졌을 뿐, 반민주적이고 비자주적이며 국민

3) 임동원, 『피스메이커』, 서울: 중앙북스, 2008, p.165.

통합이 제대로 안된 사회는 그대로 남을 수 있다는 거지요."4)

통일의 당위성에 대한 확고한 신념 공유가 절대적 필요조건이며, 이는 통일 이전에 철저히 준비해야 할 어쩌면 한민족에 있어 숙명적 과제라 할 것이다. 통일의 당위성 확보는 때가 있는 것이며, 그 시기를 놓칠 경우 엄청난 혼돈과 또 다른 심리적·경제적 손실을 가져올 수 있다.

1990년 독일 통일의 경우에서 보았듯이, 세계사의 흐름은 때로는 인간의 예측과 상상력을 뛰어넘는 것임을 인식해야 한다. 우리의 통일 역시 언제 어떻게 우리에게 다가올 수 있음을 염두에 두고, 모든 가능성에 대비해야 한민족의 미래를 밝힐 수 있다. 그렇지 않으면 또 다시 역사의 패배자로서 비극의 주인공이 될 수 있음을 자각해야 한다.

한편, 통일과 관련하여 주목할 사실 가운데 하나는 통일이 민족 화합과 번영의 수단이어야지, 목적이 되어서는 안 된다는 점이다. 서독의 브란트(Willy Brandt) 수상은 통일을 준비하면서 "접근을 통한 변화!"라는 구호를 내세웠다.

"빌리 브란트는 긴장완화 정책을 추진하기 시작했을 때 가능한 한 통일이라는 단어를 쓰지 않았습니다. 그 대신 '작은 발걸음 정책'이라고 표현했지요. 이것이 동독과 서독 사람들이 다시 접근하는 데 도움을 주었습니다. 브란트는 언제나 어려움을 겪고 있는 사람들, 난관에 처한 사람들을 돕는다

---

4) 백낙청, "한반도 통일을 위한 지구적 시각을 찾아서," 김누리·노영돈, 『통일과 문화: 통일독일의 현실과 한반도』, 서울: 역사비평사, 2003, p.35.

는 것을 정책의 중심으로 삼았습니다."[5]

통일이라는 궁극적 목표를 설정해놓고 통일에 관한 논의를 시작하는 것은 좋지 않다. 지금은 통일보다 평화를 강조하고 분단체제의 주어진 여건 아래 최대한 화해와 교류를 추구할 단계다.

'어떤 통일이어야 하는가?' 쉽지 않은 담론의 주제이지만, 독일의 그라스(Günter Grass)의 고뇌를 소개하며 필자의 견해를 덧붙이기로 한다. 그는 영토에 기초한 민족국가 형태의 통일에 반대하며 국가연합제(Confederation)의 다양성 안에서 문화민족으로 남는 것, 즉 강제성 없이 독일 문화의 다양성을 통합하는 두 국가 사이의 자연스러운 통합을 주장했다. 국가연합제를 주장한 이유 가운데는 "문화국가로서 국가연합제는 갈등을 해소시키는 그 존재로 인해 전세계에 펼쳐져 있는 서로 상이하지만 유사한 갈등들, 한국과 아일랜드, 키프로스 그리고 중동의 갈등들, 즉 국가주의적 행동이 공격적이 되어 국경을 설치하고 또 확대하려고 하는 곳 어디에서나 문제해결을 위한 모범이 될 수 있을 것이다."라는 놀라운 내용을 담고 있다. 비록 독일 통일과정에서 그라스의 바람은 이루어지지 않았지만, 이는 우리의 눈과 귀를 밝게 해줄 지혜라고 생각한다. 한민족의 통일과정이 세계사의 화해 모델로서, 세계평화 이정표로서의 의미가 있음을 자각해야 한다. 이는 전범국 독일의

---

5) 김누리·노영돈, 『통일과 문화: 통일독일의 현실과 한반도』, 서울: 역사비평사, 2003, pp.244-245.

분단과 동서냉전에 의한 세계사적 분단국인 우리와는 분단과
정과 분단극복의 의미가 지극히 다르기 때문이다.

그라스가 국가연합을 서독체제로의 일방적 흡수를 위한 단
계가 아니라 동·서독 두 체제의 동시적 변혁을 위한 기회로
활용해야 한다고 본 점에 주목해야 한다. 즉 통일을 서독의
'잘못된 자본주의'와 동독의 '잘못된 사회주의'를 변증법적으
로 지양할 수 있는 기회로 보는 그라스의 시각은 우리 입장에
서도 눈여겨봐야 할 대목임에 틀림없다.6)

그럼에도 불구하고 '어떤 통일을 할 것인가?' 어쩌면 그것
은 얼마나 철저하게 통일을 준비하느냐에 달려있다. 따라서
분단을 고착화시키는 현상유지적인 평화체제가 아니라 통일을
지향하는 평화체제가 될 수 있도록 남북한이 사전에 긴밀히
협력하고 신뢰를 쌓아가야 한다. 나아가 우리가 이룩해야 할
평화는 통일지향적 평화, 동아시아 및 세계 평화로 가는 적극
적이고 미래지향적인 평화, 인류의 희망과 염원을 담을 수 있
는 평화이었으면 한다.

결국 한민족의 평화구축과정은 동북아는 물론, 나아가 평화
를 갈구하는 모든 세계인들에게 평화에 대한 보편적 가치와
바람직한 평화체제모델을 제시하는 것을 의미한다. 우리의 건
국이념과 건국목표인 '홍익인간弘益人間 이화세계理化世界'라
는 상생相生과 대동大同의 철학이 동북아 평화체제 구축의 기
본이념과 철학이 될 수 있도록 하자. 이를 위해 우리는 세계

---

6) 같은 책, p.179.

최고의 적극적 평화국가, 평화주도국가, 평화지향국가로 거듭나기 위한 국내외적 노력을 한층 기울여야 한다.

평화를 기원하고 평화를 이야기하고 평화를 연구한다고 해서 평화가 이루어지지 않는다. 평화를 실현하는 것은 평화를 진정으로 사랑하는 사람들의 몫이다. 평화의 주체는 우리 모두이고 나 자신이다.[7]

요컨대 현재의 우리에게는 형식적인 종전선언보다 남북한이 함께 번영할 수 있고, 주변국의 지지를 이끌어낼 수 있는 실질적인 평화관리방안 모색이 선행되어야 한다. 이와 더불어 종전선언과 평화협정 체결이 자칫 한반도의 분단영구화를 낳을 수 있음에 유의하고, 이를 막는 남북한의 상호 신뢰와 지혜 모색이 절실히 요구된다. 한민족 통일은 동북아 협력·번영·평화의 한 부분이 될 때 자연스럽게 우리에게 다가올 것이다.

> "우리 독일인들에게 미하일 고르바초프가 도움이 되었듯이, 한국인들이 원하는 통일을 지원하지는 못하더라도 최소한 눈감아 주는 것을 이제 미국 대통령이 해야 할 것입니다. … 독일에서 얻은 제 경험에 비추어 말씀드리면, 통일을 향한 염원과 의지는, 그것이 살아있는 한 어느 미국 대통령보다 오래 살아남을 것이며, 언젠가 실현될 통일은 한국 국민들에게 잠깐 동안의 기쁨과 함께 지금까지는 알지 못했던 새로운 고민거리를 안겨줄 것입니다."

---

7) 이승헌, 『숨 쉬는 평화학』, 서울: 한문화, 2002.

이와 더불어 판문점 중립국 감시자인 스위스와 스웨덴을 통일과정에서 활용해야 한다. 중립국의 경험과 한민족 통일과정의 후원자, 강대국들의 중재자로서의 역할을 적극적으로 수행할 수 있도록 위상을 높여 나가야 한다.[8]

위기는 곧 기회가 될 수 있다. 북한의 핵실험과 미사일문제는 세계인들의 주된 관심사가 되고 있다. 이제 '우리는 무엇을 할 것인가?' 위기의 해결은 역설적으로 평화에 대한 강조로 가능하며, 따라서 지금은 우리 스스로 평화에 대한 역량을 강화할 수 있는 기회이기도 하다. 한민족이 분단을 극복하고 통일과 번영을 이루기 위해서는 평화에의 강조가 최고의 전략이 될 수 있다. 우리는 평화에 대한 다각적인 노력을 통해서 남북한은 물론, 국제적 공감대를 형성할 수 있을 때, 한민족은 비로소 통일의 소망을 이룰 수 있고, 나아가 자랑스러운 평화국가로 설 수 있다. 이처럼 평화에 대한 강조는 아무리 지나쳐도 국익에 손해가 될 수 없음은 자명하다. 평화의 무기화, 평화의 전략화는 치밀한 정책수립과 지혜로운 정책집행에 의해 가능하다.

한반도가 속해 있는 동북아 지역은 여전히 가장 강한 세력들이 충돌하는 곳으로 남아있다. 동북아는 일본의 우익정권과 재무장 움직임, 중국의 민족주의(중화주의), 러시아의 부활과 미국의 영향력이 여전히 마주치고 있으며, 더욱 갈등이 첨예화될 개연성이 높다. '왜 평화여야만 하는가?' 그런 까닭에 이

---

8) 같은 책, pp.135-136.

곳에서 평화의 기운이 일어나면 세계로 퍼져 나갈 효과는 지대하며, 이는 곧 인류의 희망을 만드는 계기가 될 수 있다. 아시아의 평화는 한반도의 통일의 기운으로 시작되어야 함을 알릴 수 있음은 곧 우리의 희망이기도 하다. 따라서 평화만이 살길이요, 우리의 미래이다. 한반도를 둘러싸고 있는 세력에게, 그리고 북한에게 평화만이 모두가 상생할 수 있는 최고의 길임을 알려 나가는 것이 최고의 첩경이자 최선의 전략이다.

아울러 이제 분단을 활용하고, 국익상승을 위한 중대한 기회가 될 수 있다고 생각해본다. 발상을 전환하며, 그리고 위기를 기회로 잘 활용할 수 있는 지혜가 있다면, 분단은 국제적으로 우리가 국익을 위해 활용할 수 있는 중대한 카드이기도 하다. 분단비용과 안보 위협이 우리를 힘들게 하고, 우리의 외교적 자주성을 때로는 제한하기도 하지만, 분단극복과 통일 그리고 이를 통한 동북아 평화에의 기여를 국제적으로 강조함으로써 우리의 세계 평화에 기여하는 불리하지만은 않은 상황을 얼마든지 만들 수 있다. 이것이 이 시대를 사는 한민족의 과제요, 새로운 창조적 기회 모색이 될 것이다.

Ⅲ. 통일과 평화를 위한 한민족 미래전략

1. 6자회담 관리와 동북아 평화

한민족은 분단의 과정, 분단의 성격 그리고 지정학적 이유 등으로 인해 분단의 극복과 통일의 과정에 있어서 주변국의 직접·간접적 참여가 불가피하다. 그럼에도 불구하고 한민족의 통일이라는 과업과 우리의 지정학적인 위치는 동북아 국가들의 역사적 화해를 이끌 수 있는 중요성을 갖고 있다. 따라서 통일한국은 동북아 평화지대, 동북아 평화공원의 역할을 할 수 있는 여지가 충분하며, 우리는 이 점을 분명히 인식하고 향후 민족사의 발전에 활용해야 한다.

한반도 평화는 동북아 화해·협력의 물꼬요, 동북아 평화 및 세계평화로 가는 거대한 대장정의 시작이자 끝이다. 따라서 남북정상회담, 종전선언, 평화협정 혹은 평화체제의 문제는 동북아 평화체제와 동북아 공동체 논의의 시작임을 알려 나가야 한다. 평화외교, 평화의 브랜드화, 평화의 전략화를 통해 통일, 화해·협력, 지역공동체 가능성을 역설하고 주변 국가들의 지지를 이끌어내는 지혜 모색이 절실한 시기가 바로 지금이다. 우리는 통일 분위기를 조성하고, 이웃 국가들이 한반도 통일을 지원하지 않으면 안 되도록 결정하도록 해야 한다.[9]

지구상의 마지막 분단국가 한반도의 분단극복과 통일은 동북

---

9) 이헌근, "이명박 정부의 대북정책: 비판적 검토와 제언," 『북한학보』, 제33집 1호, 2008, pp.119-120.

아, 동아시아를 넘어 세계평화로 가는 인류의 이념적 화해, 동북아 지역 간의 화해, 미·일·중·러 등 강대국들의 역사적 화해인 동시에 20세기적 경쟁의 청산, 나아가 새로운 세계평화시대를 여는 진정한 출발점이라는 세계사적 이정표가 될 것이다.[10)]

한반도의 지정학적 운명은 비극과 함께 평화의 가능성이 교차하는 역사적 의미로 해석할 수 있을 것이다. 김경일은 대립과 갈등만을 이야기하는 지정전략이 아니라 화합과 협력으로 국익을 극대화하는 새로운 지정전략, 그런 의미에서 한반도의 지정학적 운명은 결코 피해자로서만이 아닌, 수혜자가 될 수도 있는 계기를 맞이할 수 있지 않나 생각한다. 한반도는 해양과 대륙 사이에서 교량역할을 할 수 있다는 것이다.[11)]

지정학적으로 한반도는 동북아 화해의 중심, 평화의 중심역할을 할 수 있는 곳이며, 이제는 역사의 피해자가 아닌 '해결사'의 입장으로 변모할 수 있는 가능성을 우리 스스로 열어나가야 한다. 그리고 그 시작은 남북관계 정상화, 국제사회에서 북한의 정상국가화에서 비롯될 것이다.

그동안 진행되어온 북핵 위기는 6자회담이라는 동북아 관련 국가의 다자간 대화를 이끌어내면서 또한 진전을 보이면서 6자회담을 다자안보체제 논의로 전환한다는 희망을 현실화하고 있다 할 수 있다.[12)] 동북아시아는 북미나 유럽과 달리 오

---

10) 이헌근, "종전선언, 평화체제 그리고 남북관계 변화"(경북대학교 평화문제연구소 제32회 학술세미나 발표논문), 2007, pp.20-21.
11) 류장용, "동북아 평화체제의 구축,"『제3회 한겨레-부산 국제심포지엄 자료집』, 2007 참조.
12) 같은 글 참조.

늘날까지 제도적으로 협력한 바가 별로 없다. 다자안보체제나 경제협력체도 없다. 그 가장 중요한 원인이 바로 동북아가 아직까지 냉전의 음영을 벗어나지 못했고 정치적인 불신임과 안보 면에서의 긴장을 벗어나지 못한 데 있다고 볼 수 있다. 근대사에 들어선 후 늘 그랬듯이 동북아 질서변동의 핵심에는 늘 한반도가 있었고 지금도 마찬가지라고 볼 수 있다. 한반도 냉전구도가 해체되지 않으면 동북아의 새로운 질서구축이 어렵다는 것이다. 북핵 공동대처의 필요성 공감이 동북아 각국의 국가적 목표인 평화와 안보라는 면과 접합점을 이룬 것 역시 변화의 시대를 열 계기가 되고 있으며, 따라서 동북아 평화안보체제 구축의 큰 그림을 구체화하는 작업을 할 시기가 도래하고 있다.[13) 페퍼(John Feffer)의 논의도 같은 맥락에서 이해할 수 있다.

> "앞으로 동북아 평화체제(peace regime)의 중심은 한반도가 될 것이다. 따라서 한반도가 안고 있는 역설이 지역안보시스템에 대한 희망과 꿈, 두려움 등을 표현하고 있는 것은 그리 놀라운 일이 아니다. 사실 그러한 평화체제가 불가능한 많은 이유가 존재한다. 화려한 수사와는 반대로, 미국이나 북한은 양쪽 모두 서로 다른 이유로, 그러나 서로가 연관된 이유로 그러한 시스템을 열망하지 않는다. 이와 동시에 평화체제는 피할 수 없는 것이다. 한국이나 중국, 러시아는 다른 이유로, 그러나 서로 연관된 이유로 이러한 평화체제의 결과물을 지지한다."[14)

---

13) 이헌근, 앞의 글(2008), pp.129-132.

14) 존 페퍼, "동아시아 평화체제: 불가능성과 불가치성," 『제3회 한겨레-부산 국제심포지엄 자료집』, 2007, p.35.

지금까지 논의를 요약컨대, 6자회담은 단지 북한 핵문제만이 아닌 동북아의 대화와 역사적 화해·협력·평화를 현실화하는 미래와 희망을 만드는 '소통의 場'으로서의 의미를 지닌다. 북핵 문제의 해결, 한반도 영구평화체제 구축, 6자회담을 기반으로 하는 동북아 평화안보체제 구축이라는 로드맵이 향후 가능하도록 민족의 중지를 모아야 한다.

이런 점에서 북한 핵문제 해결은 동북아를 넘어 세계평화로 가는 거대한 역사적 물결임을 인식할 필요가 있다. 그러므로 북한 핵문제 해결과정에서 겪어야 할 문제 역시 의미 있는 역사적 과정으로 생각할 수 있을 것이다.

북한 핵문제는 북한만이 아닌 한민족의 '위기'인 동시에 한반도 분단극복과 통일·평화로 갈 수 있는 '기회'를 동반하고 있다는 적극적 사고와 유연한 역사 인식이 필요하다. 따라서 북한 핵문제 해결을 위한 노력은 한반도 분단극복의 의미와 동북아 화해, 나아가 동북아 평화체제 구축 논의와 함께 맞물려 추진될 수 있음에 주목하고, 이를 국가전략으로 적극 활용하는 지혜가 절실하다. 이에 정부는 6자회담이 북한 핵문제뿐이 아닌, 한민족의 미래를 위해 중대함을 인식하는 것에서부터 모든 대외·대북정책을 시작해야 한다. 특히 6자회담에는 역사의식과 사명감을 지닌 최고의 전문가가 투입되어야 하며, 이를 위한 '한반도미래전략팀'(가칭) 구성 및 운영이 국운을 여는 역할을 할 수 있을 것이다.[15]

---

15) 이헌근, 앞의 글(2008), pp.133-134.

6자회담은 단지 북한 핵문제만이 아닌 동북아의 대화와 역사적 화해·협력·평화를 현실화하는 미래와 희망을 만드는 '소통의 장'으로서의 의미를 지닌다. 북한 핵문제 해결, 한반도 영구평화체제 구축, 6자회담을 기반으로 하는 동북아 평화 안보체제 구축이라는 로드맵이 향후 가능하도록 민족의 중지를 모아야 한다.

2. 평화의 전략화와 통일준비

평화는 혼자서 만들 수 없는 성질의 것이며, 관계 속에서 공동의 이익을 추구할 지혜를 나눌 때, 그 속에서 자연스럽게 형성되는 섭리일 것이다. 이렇듯 평화라는 가치외교를 지향해야 할 정부의 남북관계 및 대외정책은 적극적이고 거시적 미래전략이어야 한다. 북핵문제와 6자회담은 한반도를 둘러싼 위기와 더불어 평화와 번영을 위한 새로운 가능성을 함께 보여주고 있다. 분단극복을 통해서 민족의 이익과 평화라는 보편적이고 국제사회에서 가장 설득력 있는 가치를 활용할 수 있는 기회가 우리에게 주어져 있고, 이를 활용해야 함이 우리의 역사적 과제가 아닐까 생각한다.[16)]

필자는 몇 편의 논문들을 통해 평화의 전략화 즉 평화의 가치를 한민족의 분단 극복과 미래 번영을 위한 국가 브랜드로 삼을 것을 제안한 바 있다. 지면의 제약으로, 이 글에서는 다

---

16) 이헌근, "한반도 평화 논의와 이명박 정부의 외교안보정책," 『국제문제연구』, 제8권 2호, 2008, pp.149-150.

음과 같이 간략히 언급하기로 한다.

첫째, 평화의 가치를 전략화하자. 분단국 대한민국이 평화를 강조함은 다른 국가들에 비해 그 효과가 지대하다. 아울러 평화는 여전히 이 시대 한반도는 물론, 국제정치의 영역에서 최대의 화두가 되어 있다. 9·11테러와 이라크전쟁, 일본의 보수화와 헌법개정 및 재무장 움직임, 중국위협론의 대두, 북한 핵문제와 미사일문제, 이란문제 등 세계는 더욱 더 평화를 간절히 원하는 상황에 놓여있다.

요컨대 우리는 평화를 광고, 이벤트, 홍보해야 한다. 그리고 평화라는 브랜드를 지속적으로 그리고 치밀한 전략으로 관리해야 한다. 한민족의 미래를 위해서 평화를 홍보하고, 국제적으로 한국의 국가이미지로 브랜딩화함은 최고의 안보전략이자 통일전략이다. 나아가 한민족의 미래와 번영을 위한 최고의 투자이자 저축이기도 하다. 따라서 체계적으로 끊임없이 투자하고 관리해야 한다. 평화라는 브랜드는 그 나라의 역사와 문화의 산물이다. 더 나아가 브랜드는 곧 그 나라의 과거와 현재, 미래를 상징한다. 이러한 점에서 현재의 한국과 미래의 통일한국은 평화라는 이미지와 가장 적합하다 할 것이다. 따라서 평화의 이미지를 지혜롭게 활용하여 우리의 국가브랜드로 제고할 수 있을 때, 한민족의 미래는 더욱 밝아올 것이다. 결국 평화의 국가브랜드 전략을 통한 국가이미지 제고는 최고의 통일전략일 수밖에 없으며, 한반도 통일과정에서 당면할 장애들을 제거하는 최고의 협상력으로 작용하게 될 것이다.[17]

둘째, 동북아 공동의 가치 강조 및 추구하자. 동북아의 역사적 화해와 협력 그리고 공동번영의 가치를 공유해야 한다. 이와 더불어 환경, 생명, 에너지 그리고 문화적 개방과 교류를 통한 공존의 지혜를 모아 나가야 한다. 그 중심에 분단국 대한민국이 평화로운 통일한국으로 변하여 자리매김할 수 있다.

셋째, 통일의 패러다임을 전환하자. 한반도 비핵화와 통일한국의 중립화 선언에 대한 공감대를 형성하자. 한반도의 비핵화와 중립화 선언에 대한 주변국들의 확신은 동북아 평화의 도미노선이 될 것이다. 일본의 비핵화와 재무장을 방지하며, 나아가 동북아 지역에서의 군축(러·일·중·미)과 화해·협력의 계기로 작용할 수 있다. 이는 동북아 공동체 및 평화를 위한 결정적 모티브로 작용할 것이다.

넷째, 6자회담을 적극 활용하고 지혜롭게 관리하자. 6자회담을 통해 한민족의 미래와 세계사적 화해가 이루어질 것이다. 따라서 6자회담에서의 한국의 역할은 보다 적극적이고 능동적, 구체적이어야 한다. 6자회담의 최종목표는 동북아 안보협력과 지역공동체 실현이다. 이런 점에서 6자회담은 유럽안보협력회의(CSCE)와 헬싱키 프로세스의 경험은 우리에게 타산지석이 될 수 있다.[18] 비핵화와 종전선언(혹은 평화선언) 동시화(synchronization)를 통한 한반도 평화체제 구축 논의 진

---

17) 이헌근, 『평화를 통한 국가이미지 제고와 통일과정에서의 활용방안』, 통일연구원, 2006 참조.
18) 허만호, "유럽연합의 대북한 인권정책과 유럽인권위원회의 대북결의 채택," 『대한정치학회보』, 제12집 2호, 2004.

행, 이와 더불어 동북아 평화체제 논의의 구체화 작업이 함께 진행되어야 한다.

다섯째, 한반도 통일의 세계사적 의미에 대한 국제적 동의(consent)를 주도적으로 형성하고 여론화하자. 냉전체제의 사실상의 종식, 동·서 간의 화해와 평화체제를 위한 새로운 출발이라 할 수 있는 한반도 통일의 의미를 인식하는 전세계 지식인들을 주심으로 여론주도계층(opinion leaders), 평화·공존·인권 등 다양한 NGOs에 관여하는 인사들을 네트워크화하고 활용하는 전략적 노력이 요청된다.

다음으로, 통일준비를 위한 현실적 대안으로서 우리는 무엇을 할 수 있는가?

첫째, 북한의 체제안정에 도움을 주자. 북한에 대한 시각의 전환이 필요하다. 북한의 생존과 번영이 한반도의 미래를 위해 바람직하다. 앞서 독일의 경험에도 보았듯이 북한의 가능성과 한계를 직시하고, 무엇보다 인도적 차원에서의 지원을 꾸준히 해나감이 최고의 전략이 될 수 있을 것이다.

둘째, 중국에 투자하고 관리하자. 한민족의 미래는 '중국을 어떻게 활용할 수 있는가?'에 달려있다. 현재의 북한에 대한 중국의 영향력은 절대적이며, 김정일 이후에도 마찬가지다. 북중관계에 주목하여 중국을 안전하게 관리하는 지혜가 요구된다. 우리의 과제는 북한의 홀로서기를 돕는 것, 북한이 개방화·세계화에 동참하도록 하는 것이며, 이를 위해 중국의 동북3성 특히 연변의 조선족 교포들을 활용해야 한다. 조선족 교포들의 중국 왕래가 점차 증대하고 있으며, 이들을 통해 북한의 민심을 획득하는 계기로 삼을 수 있기 때문이다. 아울러 중국은 특히 동북3성은 향후 한민족의 자원·식량·철로·인력 등 활용해야 할 중대한 미래의 활동 공간이라는 가능성을 인식하고 투자해 나가야 한다.[19)]

> "궁극적으로 대륙과 연계된 한반도가 다시 환동해권과 환황 해권을 아우르는 네트워크의 중심적 위치를 점하게 될 때, 즉 한반도가 동북아의 중앙에서 동해와 황해를 아우르며 지 중해의 중심과 같은 위치를 찾아갈 때, 통일의 지정학은 완 성될 수 있다. 이를 위해서는 무엇보다 과거의 경험으로부 터 자유로운 풍부한 상상력과 전략적 사고, 그리고 이를 뒷 받침할 국민적 지혜와 노력이 절실하며, 또 북한만이 변해 야 한다고 주장하기 이전에 우리가 동북아의 평화를 주도적 으로 설계하고 통일에 대비한 심리적·제도적 준비가 제대 로 되고 있는지를 깊이 생각해볼 필요가 있다."[20)]

우리의 지혜와 기술 그리고 동북아의 지정학을 활용한 미래 동북3성을 '가능성의 공간'이라고 표현한 홍면기의 지적은 참으로 적절하다.

셋째, 민심에 투자하자. 북한 및 중국 조선족 교포들의 민심을 얻지 못하면 향후 어려운 상황에 직면하게 될 것이다. 민심은 천심이다. 민심을 얻게 되면 미래의 북한은 중국의 영향력과 간섭에서부터 자연스럽게 한국과 하나가 되는 결과를 가

---

19) 이와 관련된 상세한 논의는 홍면기, 『영토적 상상력과 통일의 지정학』, 삼성경제연구소, 2006 참조.

20) 같은 책 참조.

져올 것임을 명심해야 한다. 민심을 획득하는 최고의 전략은 남북한의 경제협력을 통한 북한 경제의 재건이다. 북한 경제에 대한 영향력이 커질 때 자연스럽게 남북한은 하나가 될 것이다. 즉 대남경제의존도와 대남친밀도를 높이자. 이를 위해서 중국 연변을 활용하고, 북한에 민간부문의 적극적 교류를 허용해 나가야 한다. 특히 관광·문화 교류의 증대 등 중·장기적 투자전략 및 경제 협력·개발사업 등을 장기적 안목으로 이끌어가야 한다.

넷째, 통일준비 및 통일의 당위성 확보를 위해 노력하자. '누가 어떻게 우리에게 도움을 줄 것인가?', '왜 도와야 하는가?'에 대한 정당성 확보, UN 및 국제사회의 지원시스템 확보, 독일 통일의 경험(자문단) 활용, 통일세 등 통일비용 및 비상사태에 대비한 시스템 점검 등 통일의 준비는 끝이 없다. 준비된 만큼 시행착오를 줄이고, 비극을 줄이고, 통일비용을 줄일 수 있음은 독일이 몸소 보여주었다.

지금까지의 논의를 다음과 같이 정리할 수 있다. 지정학적으로 한반도는 동북아 화해의 중심, 평화의 중심 역할을 할 수 있는 곳이며, 이제는 역사의 피해자가 아닌 '해결사'의 입장으로 변모할 수 있는 가능성을 우리 스스로 열어 나가야 한다. 그렇다면 '우리는 무엇으로 새로운 가능성을 창출할 것인가?' '왜 평화여야 하는가?' '왜 평화가 대한민국의 생존전략이며 미래전략이 될 수 있는가?' '평화를 대한민국의 브랜드화 할 수 있는 외교가 펼쳐져야 하는가?' 다소 논리적 비약이 있을지라도, 지구상의 유일한 분단국 대한민국만이 평화의 절실함을 통해 국제적 공감대를 형성할 수 있고, 이를 통해 동북아를 뛰어 넘는 세계평화의 중심국가로 나아갈 수 있기 때문이다. 정부는 차후 6자회담을 통해 무엇보다 동북아 '평화'의 중심국가임을 강조함으로써 분단극복과 통일과정에 유리한 입장을 점할 수 있을 것이다. 우리가 평화를 강조하면 할수록, 그리고 국제적으로 평화국가의 이미지가 강해질수록, 동북아 평화에 대한 공감대 형성에 한민족이 주도적인 역할을 할 수 있다. 이를 위한 국가전략의 일환으로 한반도 비핵화, 통일한국의 영세중립화 선언을 할 필요가 있다고 생각한다. 특히 한반도의 중립화 선언은 통일과정에서 그리고 통일 이후 동북아 지역에서 여전히 영향력을 갖고자 하는 미국과 중국을 안심시키고 이들을 통일지지세력으로 만들 가능성을 높일 수 있다. 또한 이는 군비확충 등 재무장을 서두르는 일본의 명분을 약화시키고 동북아의 화해와 군축을 이끌 수 있는 계기로 삼을 수 있다.[21] 정부는 가치외교와 실용외교를 내세운 바 있다. 이런 점에서 평화가 최고의 가치이며, 보편적인 가치로 동북아와 한반도 평화를 동시에 이룰 수 있는 유일한 가치임을 새롭게 인식해야 할 것이다.[22]

---

21) 이헌근, 『평화를 통한 국가이미지 제고와 통일과정에서의 활용방안』, 통일연구원, 2006.

22) 이헌근, "이명박 정부의 대북정책: 비판적 검토와 제언," 『북한학보』, 제33집 1호, 2008, p.139.

Ⅳ. 결론

미국의 금융위기를 필두로 국제환경의 변화, 특히 동북아를 둘러싼 우리 주변의 정세는 가변적이고 복잡다난하다. 북한 핵문제와 김정일 이후 북한의 향방, 국제무대에서 중국의 위상 강화와 러시아의 힘에 의한 국제정치 복귀 움직임, 일본의 극우민족주의 정권 등장, 그 속에서 정부의 정책집행능력과 위기관리능력은 여전히 우리 사회에 신뢰를 안겨주기에는 부족한 형극이다. 특히 대북정책을 포함한 외교안보정책은 난맥상에 빠져있고, 이명박 정부 등장 이후 가장 큰 정책적인 변화로 한반도 평화체제라는 목표가 없어졌다고 지적하곤 한다.

현재 진행되고 있는 한반도 비핵화를 통한 평화체제 구축과정이 순조롭게 진행된다면, 한반도의 평화와 동북아 공동번영에 기여할 것이라는 점에는 이견이 없다. 그렇다면 '한반도 비핵화 과정에서 한국은 무엇을 얻을 것인가?' 궁극적으로 통일의 정당성 그리고 통일한국의 평화지대화, 동북아 평화의 중재자로서의 한반도의 역할이 모색되어야 하며, 이를 위한 미래지향적 전략에 대한 구체적인 지혜 모색이 이 시대의 과제가 되어야 한다.23)

따라서 정부의 역사적 과제는 참으로 중대하다. 특히 6자회담의 지혜로운 관리에 한민족의 운명이 달려있음을 인식하고, 이를 정책의 우선과제로 삼아야 할 것으로 생각한다.

---

23) 같은 글. p.140.

한반도에서의 북한 핵문제 해결은 통일과정의 필요조건이며, 또한 6자회담의 추진동기이자 평화·통일논의의 동력이기도 하다. 북한은 핵무기 폐기를 통해 체제와 안보위기 극복, 경제적 지원을 얻을 수 있다. 그렇다면 '우리는 이 과정에서 무엇을 얻을 것인가?' 정부의 정책은 기본적으로 이 물음에서 시작되어야 할 것이다. 6자회담은 우리의 통일과정의 일부이며, 한반도 평화 구축은 동북아 평화의 핵심적 논의로 발전시켜야 한다. 즉 동북아 평화의 이슈화에 한국이 주도적 역할을 담당해야 하며, 비핵화와 종전선언 및 평화체제를 넘어 동북아 협력과 평화체제 구축 논의로 나아가야 한다.

북핵협상과정은 우리에게 통일과정으로서 중대한 기회, 따라서 통일을 저해하는 문제점들을 관리할 수 있는 계기로 활용해야 한다. 나아가 우리의 평화의지, 통일의지가 동북아 평화에 얼마나 도움이 되는지를 알리는 계기가 되어야 한다.

무엇보다 정부의 대북정책 성공은 6자회담의 의제를 비핵화를 넘어 동북아 화해·협력 및 평화체제, 나아가 동북아 공동체 형성에 관한 논의로 발전시켜 나가는 우리의 적극적 외교역량에 달려있다.[24)]

평화는 혼자서 만들 수 없는 성질의 것이며, 관계 속에서 공동의 이익을 추구할 지혜를 나눌 때, 그 속에서 자연스럽게 형성되는 섭리일 것이다. 이렇듯 평화라는 가치외교를 지향해야 할 이명박 정부의 남북관계 및 대외정책은 적극적이고 거

---

24) 같은 글, pp.144-145.

시적 미래전략이어야 한다. 북핵문제와 6자회담은 한반도를 둘러싼 위기와 더불어 평화와 번영의 새로운 가능성을 함께 보여주고 있다. 분단극복을 통한 민족의 이익과 평화라는 보편적이고 국제사회에서 가장 설득력 있는 가치를 활용할 수 있는 기회가 우리에게 주어져 있고, 이를 적극 활용해야 함이 정부의 역사적 과제가 아닐까 생각한다.

6자회담은 단지 북한 핵문제만이 아닌 동북아의 대화와 역사적 화해·협력·평화를 현실화하는 미래와 희망을 만드는 '소통의 장'으로서의 의미를 지닌다. 북핵문제의 해결, 한반도 영구평화체제 구축, 6자회담을 기반으로 하는 동북아 평화안보체제 구축이라는 로드맵이 향후 가능하도록 민족의 중지를 모아야 한다. 또한 6자회담이 냉전체제의 완벽한 해체, 분단체제의 극복, 나아가 세계평화로 나아가는 인류의 역사적 화해의 장이 될 수 있어야 한다. 따라서 한민족의 사명은 지구의 운명, 평화로 이어지는 지대한 것이라 할 것이다. 결국 북한과 통일을 어떤 시각에서 어떤 가치로 접근하느냐는 동북아를 넘어 세계인의 희망인 평화를 어떻게 이룰 것인가의 문제를 해결하는 접근법이 될 수 있음에 우리 스스로 주목하자.

참고문헌

김누리·노영돈,『통일과 문화: 통일독일의 현실과 한반도』, 서울: 역사
　　비평사, 2003.

김용현, "2008 남북관계 방향과 과제," *KNSI*, 제20-5호, 2008.

리온 시걸, "한국을 위한 협력: 평화 프로세스와 비핵화"(북한대학원대
　　학교 국제학술회의 발표논문), 2008.5.1.

류장용, "동북아 평화체제의 구축,"『제3회 한겨레-부산 국제심포지엄
　　자료집』, 2007.

박순성, "이명박 정부 대북통일정책의 전망과 시민사회의 과제"(6·15
　　남측위원회 정책토론회 발표자료), 2008.2.21.

서보혁,『북한 인권: 이론·실제·정책』, 서울: 한울아카데미, 2007.

이재봉,『두 눈으로 보는 북한』, 서울: 평화세상, 2008.

이헌근, "종전선언, 평화체제 그리고 남북관계 변화"(경북대학교 평화
　　문제연구소 제32회 학술세미나 발표논문), 2007.

＿＿＿,『평화를 통한 국가이미지 제고와 통일과정에서의 활용방안』,
　　통일연구원, 2006.

＿＿＿, "한반도 평화체제의 의미와 구축 전망: 동북아 평화체제와 관련
　　하여"(한국동북아학회 발표논문), 2004.

＿＿＿,『통일, 민족주의 그리고 제3의 길』, 부산: 신지서원, 2001.

＿＿＿, "한반도 평화 논의와 이명박 정부의 외교안보정책,"『국제문제
　　연구』, 제8권 2호, 2008a.

＿＿＿, "이명박 정부의 대북정책: 비판적 검토와 제언,"『북한학보』, 제
　　33집 1호, 2008b.

임동원,『피스메이커』, 서울: 중앙북스, 2008.

임수호,『계획과 시장의 공존: 북한의 경제개혁과 체제변화 전망』, 삼성
　　경제연구소, 2007.

윤대규 편, 북한 체제전환의 전개과정과 발전조건, 서울: 한울아카데미,
　　2008.

정욱식, "이명박 정부의 대북정책과 한반도 평화"(세계평화통일학회 발

표논문), 2008.2.13.

조 민, "새 정부 대북정책 추진방향," 『이명박 정부의 통일·안보·외교정책 추진방향』, 외교안보연구원, 2008.

조성렬, "대북정책의 성공적인 전환을 위한 제언," 『평화논평』, 제35호, 2008.1.21.

존 페퍼, "동아시아 평화체제: 불가능성과 불가치성," 『제3회 한겨레-부산 국제심포지엄 자료집』, 2007.

하영선 편저, 『한미동맹의 비전과 과제』, 서울: EAI, 2006.

허만호, "유럽연합의 대북한 인권정책과 유럽인권위원회의 대북결의 채택," 『대한정치학회보』, 제12집 2호, 2004.

허만호, 『북한의 개혁 개방과 인권』, 서울: 명인문화사, 2008.

홍면기, 『영토적 상상력과 통일의 지정학』, 삼성경제연구소, 2006.

기타 『조선일보』, 『중앙일보』, 『연합뉴스』, 『경향신문』, 『국제신문』 외.

동상이몽의 한민족 통일논의:
'차이'의 인식과 극복

Ⅰ. 서론

> "우리의 소원은 통일, 꿈에도 소원은 통일. … 이 나라 살리
> 는 통일, 이 겨레 살리는 통일. 통일이여! 어서 오라. 통일이
> 여! 오라."

'통일'을 외치면서 북받치는 감정을 억제하지 못하고 절규하
는 북한 인민들의 모습을 보며 필자는 가슴을 저미었고, 민족
의 현실 앞에 통분한 적이 수없이 많다. 이처럼 통일만큼 우리
한국인에게 익숙하고 눈물겨운 말이 없는 듯하다. 그럼에도 불
구하고 분단된 한민족의 두 체제는 민족통합보다 오히려 적대
적인 이질감이 더욱 심화되고 있는 실정이다. 그 결과 분단 반
세기가 지난 오늘날 남북한의 통일 분위기 조성은 점점 더 힘
들어지고 있다. 북한의 연방제 통일이나 민족해방운동, 남한
역대 정부의 통일정책이 화합이나 통일 분위기 조성은커녕, 오
히려 대립과 마찰, 교전상태의 지속이 계속되고 있다.

남북한 정권은 그동안 민족분단이라는 현실을 통일이라는
미명 아래 이를 체제유지의 도구로 이용해왔고, 지금도 남북

한 공히 그런 의도가 있는 듯하다. 이제 우리는 무엇이 통일
이며, 나아가 이 "통일'이란 용어가 우리 민족의 분단상황을
극복하는 데 적절한가?'에 대해 다시금 생각할 때이다. 이는
통일의 의미와 가치를 우리 내부에서 공감할 때 진정한 한민
족 통합을 위한 기초 토대 형성이 가능하기 때문이다.

남북한 정권은 진정 통일과 한민족 통합을 위하여 노력한
적이 있는가? 북한은 일관된 통일정책을 가지고 있는 듯하고,
남한은 정권이 바뀔 때마다 다양한 이름의 새로운 통일정책을
내놓고 있다. 국민의 합의를 도출하기 위한 노력의 부재로 인
한 각 정권의 통일정책은 단지 '대북 제의용' 혹은 '대국민 선
언용'이라는 의미밖에 가질 수 없었음을 그간의 우리나라 통
일정책사가 증명하고 있다.[1] 그나마 이 또한 위정자들의 통치
수단으로 전락하고 있는 듯하다. 현재의 통일정책이 계속 추
진된다는 것은 남북한 간의 분단현상을 유지하면서 긴장완화
만을 이루려는 분단 외세의 세계체제 재편의 한반도적 목적에
부응하여 오히려 분단의 영구화에 편승하는 것이지 분단 해결
의 방책으로서의 실효성을 가지기가 어렵다고 생각되는 것이
다.[2] 이 땅에 통일을 말하고 있지만, 진심으로 통일을 원하며,
통일을 위해 자신의 이익을 희생할 국민의 수는 점점 줄어들
고 있고, 심지어 통일에 대해 부정적인 견해를 가진 이의 수
가 더 많아지고 있는 것이 우리의 현실이 되고 있지는 않은가?

---

1) 이봉철, "통일정책 추진과 국민합의," 구영록·임용순 공편, 『한국의 통일정책』, 서울: 나남, 1993, p.85.
2) 같은 글, p.87.

이러한 생각의 토대 위에서 이 글은 통일에 대한 동상이몽의 개념 해석 혹은 의미 부여와 기존의 통일에 관한 많은 연구들에 대한 비판적 인식에서 출발하고자 한다. 일각에서는 한민족의 분단과 통일에 관련된 연구 중 일부를 「통일학」으로 개념화하자는 논의가 있다.3) 이에 따르면, 통일 연구의 학문적 위치를 특수한 한국적 상황에 독자적인 학문적 영역으로서 자리매김함으로써 분단이나 통일문제에 대한 보다 체계적인 인식과 종합적인 정책 대안을 개발해낼 수 있으리라는 기대감 때문이라고 한다. 그러나 필자의 생각에는 통일이라는 용어 자체가 우리 민족에게 적절한 표현이 아니며, 냉전적·적대적 사유의 결과물이란 점을 지적하고 싶다. 따라서 이 글에서 필자는 과연 '무엇이 통일인가?', '무엇을 통일할 것인가?'라고 하는 '통일' 논의 자체에 새로운 문제를 제기하고자 한다. 이는 통일을 둘러싼 개념적 혼란, 통일의 의미와 가치, 남북한의 통일에 대한 인식의 차이를 분명히 생각하게끔 하고, 나아가 남북한 정권의 정치선전의 주된 영역이 되어온 '사상누각의 통일논의'를 새롭게 할 수 있는 계기가 될 수 있을 것이다. 이러한 점에서 지금까지의 한민족 통일에 관한 논의에서 통일(Unification)보다는 오히려 재통일(Re-unification) 혹은 새 통일(New unification)이라는 용어가 적절하며, 통일은 통합보다 좁은 의미로, 즉 '정치적인 의미에 한정된 것이 아니었나?'라

---

3) 유호열, "통일학 연구의 현황과 과제," 『한국정치학회 연례학술회의 기획세미나 자료집』
　　(1996년 12월 5~6일).

는 점을 지적해 나갈 것이다.

최근 사회과학 일각에서는 통일학의 특성으로 당위성의 학문, 실제적·정책적 학문, 미래학, 학제 간 학문을 내세우고 있다. 그러나 필자는 다시 묻고 싶다. '통일이 과연 학문적 영역에서 논의되어 성취될 수 있는 성질의 것인가?'라는 점과 '수많은 학자들의 연구물과 통일논의들이 우리의 통일정책의 형성과 한민족 통합의 방향을 제시하고 있는가?'라는 점이다. 이러한 의문에서 필자는 통일은 그리고 한민족 통합은 남북한 간의 정치적·문화적·사회적 이질화에 대한 본질적 이해와 이질화된 부분을 공동화하는 일에서부터 가능하며, 궁극적으로 통일의 철학은 철학의 통일을 통해서만 가능하다는 생각에 동의한다.4) 그러나 실제 한국의 수많은 통일논의들이 이에 관한 연구보다는 기능론이니 통합론이니 수렴론이니 하는 서구의 이론들을 적용하여 분석하고 있는 듯하다. 그러나 기본적으로 필자는 남북한 이질화의 동질화 방안 모색은 전통적인 우리의 문화체계 혹은 사유체계에서 접근하는 것이 진정한 한민족 통합을 위해 바람직하다는 생각을 바탕으로 이 글을 전개해 나갈 것이다. 이를 위해서 남북한의 '인식'의 차이를 고찰한 후, 그 '차이'의 극복을 위해 선행되어야 할 논의를 제기하고자 한다.

---

4) 이삼열, "통일의 철학과 철학의 통일," 『한민족 철학자대회 자료집』(1991년 8월).

Ⅱ. '차이'의 인식: 민족, 평화, 통일의 개념

분단 이후 남북한은 언어영역뿐만 아니라 모든 부분에서 이질화가 심화되어왔다.5) 남북한에서 동일한 용어로 여전히 사용되고 있는 말조차 그 개념적 의미의 차이는 심각한 지경에 놓여있다. 언어는 사상과 문화의 이질화를 가장 잘 반영하는 도구이라는 점에서, 남북한에서 공히 사용하고 있는 중요한 의미를 지닌 민족, 평화, 통일에 대한 '인식'의 차이를 이해할 수 있을 때, 그리고 그것을 극복하려는 상호 노력을 보일 때 진정한 한민족 통합을 위한 기초가 형성될 수 있을 것이다. 이를 위해서 무엇보다도 '우리에게 있어서 '통일'은 과연 어떤 의미를 지녀왔고, 또 지니고 있는가?'에 대한 물음이 선행되어야 할 것이다. 우리의 통일관은 각 정권마다 다소의 차이를 보였으나, 기본적으로 국토의 통일, 국가의 통일, 민족의 통일로 변모해왔다. 그러나 북한은 남조선의 '해방'을 일관된 통일의 개념 혹은 논리로 주장하고 있다. 이러한 '인식의 차이'는 결국 분단을 공고화해왔고, 한편으로는 한민족의 역사·언어·문화를 극도로 이질화시킬 수밖에 없는 결과를 낳고 있는 것이다.

---

5) 남북한 정치문화의 이질화 논의에 관해서는 이헌근, "북한의 정치문화," 북한문제연구학회 편, 『북한연구』, 부산: 세종출판사, 1998를 참조하시오.

1. 기본 개념의 '차이'

한국에서 근현대사의 왜곡과 무지가 얼마나 심했는가는 김일성에 대한 평가가 대표적인 예가 될 것이다. 한쪽에서는 지나치게 과장되어 혼자서 근현대사를 이끌어간 것처럼 묘사한 반면, 다른 한쪽에서는 거의 100%가 그를 가짜라고 믿어왔다. 또 그를 한쪽에서는 구세주로, 다른 한쪽에서는 악마와 비슷한 존재로 알고 있다. 현대사회에서 그것도 한두 해가 아니라 50년 동안이나 그렇게 믿었다. 뿐만 아니라 냉전이데올로기에 동원되어 포로가 되다보니까 냉전논리·진영논리를 민족논리로 혼동하여 민족, 민족주의, 국가, 애국, 평화, 통일 등을 매우 특수하게 이해하고 있다. '왜 남에서는 '한'을, 북한에서는 '조선'을 국호로 사용하는가?', '애국가의 작사자는 누구이며 가사는 어떤 상황을 반영하는가?' 등 민족 또는 국가의 정체성과 관련된 부분도 거의 모르고 있다.[6]

이러한 남북한의 이질화의 원인과 극복에 대한 본질적 논의는 진정으로 남북한이 하나가 되기 위한 전제조건임이 분명하다. 그러나 이 글에서는 한민족의 통일과 관련된 기본적인 개념에 대한 인식의 차이를 '민족', '평화', '통일'이라는 예로서 다음의 <표 1>과 같이 비교하기로 한다.

표의 예에서도 알 수 있듯이, '민족'과 '평화' 그리고 '통일'의 개념에서조차 남북한은 서로 다른 견해를 보이고 있다. 북

---

6) 서중석, "한국전쟁 후 통일사상의 전개와 민족공동체의 모색," 역사문제연구소 편, 『분단 50년과 통일시대의 과제』, 서울: 역사비평사, 1995, p.360.

한은 '민족'을 "계급과 해방의 투쟁단위"로, '통일'을 '해방'의 논리로 사용하고 있음이 두드러진다.

또한 북한에서 사용하고 있는 '민족'의 개념적 정의에 따르면,

> "민족은 자체 내에 해당 민족국가에서 차지하는 지위와 역할의 공통성에 의해 이루어지는 사회적 집단인 계급과 계층들을 포함한다. 그리하여 민족과 계급, 민족과 개별적 사람들의 관계는 전체와 부분의 관계가 된다. 사람들은 누구를 막론하고 민족국가의 테두리 안에서 정치적·경제적·문화적 관계들을 맺고 살며 활동한다. 민족을 떠난 계급이나 사람이란 생각할 수 없다."[7]

라고 하여 민족을 최고의 개념으로 정립하고 있다. 그러나 아래의 인용에서처럼 남북한 공히 동질적인 민족의 개념 역시 제시되고 있다. 즉 민족이란

<표 1> 남북한 간의 개념적 인식 비교: '민족', '평화', '통일'

개 념	남 한	북 한
민 족	○ 같은 지역에서 오랫동안 공동생활을 함으로써 언어나 풍속 따위의 문화 내용을 함께 하는 인간 집단(=겨레)	○ "민족은 자체 내에 해당 민족국가에서 차지하는 지위와 역할의 공통성에 의해 이루어지는 사회적 집단인 계급과 계층을 포함한다. 그리하여 민족과 계급, 민족과 개별적 사람들의 관계는 전체와 부분의 관계로 된다. 사람들은 누구를 막론하고 민족국가의 테두리 안에서 정치적, 경제적, 문화적 관계들을 맺고 살며 활동한다. 민족

---

7) 사회과학출판사 편, 『반제반봉건민주주의 혁명과 사회주의 혁명이론』(주체사상총서4), 서울: 태백, 1989, p.49.

			을 떠난 계급이나 사람이란 생각할 수 없다."(주체사상총서4, 반제반봉건민주주의혁명과 사회주의 혁명이론, p.49.) ○ "사람의 자주성을 옹호하고 자주적이며 창조적인 생활을 마련해가는 사회생활의 기본단위이며, 혁명과 건설의 투쟁단위"(사회과학원 철학연구소편, 『철학사전』, p.224.)
한반도 평화	○ 소극적 개념: 한반도에서 전쟁이나 무력충돌 없이 국내적, 국제적으로 사회가 평온한 상태 ○ 적극적 개념: 한반도에서 전쟁이나 무력 충돌 없이 국내적, 국제적으로 사회가 평온하고, 북한이 대남공산화 통일전략을 포기한 상태		○ 소극적 개념: 조선반도에서 군사적인 행동이 중지된 가운데 평화상태를 회복한 상태 ○ 적극적 개념: 조선반도에서 군사적인 행동이 중지된 가운데 평화상태를 회복하고, 주한미군이 철수된 상태
통일	○ 대한민국은 자유민주적 기본질서에 입각한 평화적 통일정책을 수립하고 이를 추진한다.(헌법 제4조)		○ 조선로동당은 남조선에서 제국주의 침략무력을 철퇴시켜 그 식민지 지배를 종식시키고, 사회의 민주화와 생존의 권리를 위한 남조선 인민들의 투쟁을 적극 지원하며, 자주, 평화, 민족대단결의 원칙에 기초하여 조국을 통일한다.(조선로동당의 강령 전문)

"언어, 지역, 경제생활, 혈통과 문화, 심리 등에서 공통성을 가진 력사적으로 형성된 사람들의 공고한 정신"[8]

"언어는 민족을 특징짓는 공통성 가운데서 가장 중요한 것의 하나입니다. 피줄이 같고 한 령토 안에서 살아도 언어가 다르면 하나의 민족이라고 말할 수 없습니다."[9]

"민족은 사람들의 자주성을 옹호하고 자주적이며 창조적인 생활을 마련해 나가는 사회생활의 기본단위이며, 혁명과 건설의 투쟁단위이다. … 민족은 인민대중에 의하여 력사적으로 형성된 독자적인 사회생활단위이며 사람들의 공고한 집

---

8) 『정치사전』, 평양: 사회과학출판사, 1973, p.423.
9) 『김일성저작선집』, 제4권, p.1.

단이다."[10]
"통일적인 경제생활, 문화생활, 정치생활은 민족의 형성발전
을 위한 기본요건이다. … 민족을 이루는 기본징표는 피줄,
언어, 지역의 공통성이며 이 가운데서도 피줄과 언어의 공
통성은 민족을 특징짓는 가장 중요한 징표로 됩니다."[11]

와 같은 인용들에서 남북한의 '민족' 개념 정의에 관한 공통
성이 존재하고 있음을 알 수 있을 것이다.[12] 이처럼 북한이
민족의 개념을 이중적으로 사용하고 있다는 점에서 우리와의
차이를 인식하고, 이를 극복하기 위한 남북한의 노력이 여전
히 필요하다. 결국 사고의 차이는 곧 사상의 차이이며, 사상의
차이는 행동의 차이를 낳고, 이는 결국 민족의 이질화를 가속
화할 뿐이라는 것은 지극히 당연한 논리의 귀결일 것이다.

2. 통일과 민족통합

통일이란 '하나 됨'을 의미한다. 1945년 외세에 의한 국토
의 분단 이후 남북한 정권과 주민들은 모두 '통일'을 민족의

---

10) 사회과학원 철학연구소 편, 『철학사전』, 서울: 도서출판 힘, 1988, p.225.

11) 사회과학출판사 편, 『주체사상의 사회역사원리』(주체사상총서2), 서울: 백산서당, 1988, pp.69-70.

12) 지면의 제약상 논의는 생략하기로 하고, 이에 관해서는 다음을 참조하시오. 진덕규 교수는 "북한에서의 '민족주의'는 북한 주민의 정서적 상징성으로 활용되어왔다. 따라서 민족주의적 관념이나 이론적 시각에서 논의하기보다는 김일성 주체사상의 상징적 조작의 내용으로 전용되었기 때문에 순수한 의미에서 북한 사회에서는 민족주의가 존립할 수 없었다. 단지 북한에서의 민족주의는 그 성격과 내용을 달리하여 남한에서의 반정부적 사회주의 지향 논리에 그것을 부가시키는 일종의 남한 해방의 이념으로 활용하는 성격을 보여주었다."라고 평가하고 있다. 진덕규, "현대 한국 민족주의 인식의 편차성에 대하여: 민족과 민족주의를 보는 남북한의 시각," 『한국 민족주의와 통일』(1992년 한국국민윤리학회 하계세미나 논문집), pp.75-119.

최대 과제로 설정해왔다. 분단 초기에는 남북한 민족성원의 삶의 공간을 하나로 만드는 '국토의 통일', 즉 분단 이전 상태로의 회귀라는 사실에 역점을 두어왔다. 그 이후 1948년 대한민국과 조선민주주의 인민공화국이라는 두 개의 정체政體가 분단된 국토의 남과 북에 각각 세워지면서 '국가통일', 즉 두 국가를 하나로 만드는 것을 통일이라고 생각해왔다. 이러한 생각은 남북한 공히 오늘날까지 통일인식의 바탕을 이루고 있다.

1) 개념적 상이성: 통일과 통합

'통일과 통합(integration), 혹은 재통합(reintegration)이라는 개념을 어떻게 설정해야 하는가?' 이 논의는 우리 학계에 전혀 새로운 것은 아니었다. 통일과 재통합이라는 개념 사이에는 중복되는 부분과 고유한 부분이 병존하고 있다. '통일'이란 말이 우리의 국가목표로 자리를 잡은 시기는 대한민국 정부가 수립되면서부터였다. 이 경우의 통일은 '정치적 통일'의 의미가 강한 것으로 볼 수 있다. 그러나 최근에 와서 '남북통일'이라는 말과 일부에서는 '남북통합'이라는 용어가 사용되기도 한다. 이러한 용어 사용의 혼란은 개념상의 혼란에서 기인된 것이며, 국민적 합의 도출에도 역기능을 산출할 우려가 있으므로 이들 개념 정의에 대한 필요성이 제기된다.[13] 그러나 통일과 통합을 둘러싼 기존의 논의는 대체로 상반된 의견이 존

---

13) 이러한 논의의 예로는 김혁, "한반도 통일에 대한 이론적 접근: 기능주의적 통합론에 대한 비판과 그 대안의 모색," 『한국정치학회 연례학술회의 기획세미나 자료집』(1996년 12월 5~6일), pp.2-12 참조할 것.

재한다.

우선, 이종석은 통일을 통합보다 한 단계 높은 것으로 파악한다. 즉 통일은 지금의 분단된 상태를 극복하고 "하나의 민족국가 속에서 하나의 민족공동체를 형성하면서 살아가는 상태를 창출하는 일"로 규정하고 "모든 방면에서 남북의 주민이 하나의 삶의 양식과 정신문명을 공유함을 의미한다."라고 정의한다.14) 반면 통합이란 "여러 부분을 하나의 전체로 만들거나 상호의존성을 갖게 만드는 것"으로 규정하고 있다. 따라서 통합은 통일 이하의 결합 상태이며 부분적일 수도 있는 반면, 통일은 전체적이고 최고 수준의 것이라는 것이다.15) 그러면서 그는 정치통합을 우리가 흔히 통일이라고 여기는 것과 동일시한다. 유호열 역시 통일은 "상이한 두 정치체제가 단일의 주권 아래 놓이게 되는 상황"이라고 정의16)하고 있어서 이 부류에 속한다.

반면, 김영명은 한반도의 현실에서 통일이 심도의 면에서 더 강하기는 하지만, 통합이 영역의 면에서 더 넓은 것으로 파악하는 것이 옳다고 주장한다.17) 서대숙의 경우18)도 하나의 통일정부 수립 후 우리 민족이 완전히 통합할 수 있다는 점에

---

14) 이종석, 『분단시대의 통일학』, 서울: 한울, 1998, p.15.

15) 같은 책, p.16.

16) 유호열, 앞의 글(1996).

17) 김영명은 정치통일을 제외한 경제통일·사회통일·문화통일·심리통일의 경우 그 개념에 모호성이 있다고 주장한다. 이에 관해서는 김영명, "민족통합을 보는 새로운 시각: 정치학적 측면," 서대숙 외, 『민족통합과 민족통일』, 한림대학교 민족통합연구소, 1999, pp.31-48.

18) 서대숙, "우리 민족통합의 개념과 방향," 같은 책, pp.9-29.

서 후자의 입장을 취하는 것으로 볼 수 있다. 그리고 김갑철 교수는 정치적 통일과 민족적 재통합이라는 두 개념을 구분하고 있다. 정치적 통일이란 어떤 정치체제가 하나의 국가형태로 통일되는 국가형성(state-building)과 관련된 개념이라면, 민족적 재통합은 문화적 이질성 또는 분열(cleavage)에서 생기는 잠재적·현재적 갈등을 통합하는 민족형성(nation-building)과 관련된 개념으로 정의하고 있다.[19] 필자 역시 민족통일보다 민족통합이 상위의 개념이며, 통일이 통합을 위한 전 단계라는 관점에서 이 글의 논리를 전개하고자 한다.

한편, 이상우 교수는 통합의 개념과 관련하여 국가통합과 민족통합의 차별적 인식을 분명히 제시하고 있다.[20] 국가통합이란 곧 단일헌법을 만드는 작업이다. 국가가 통합되면 그 영토 내의 모든 구성원은 단일법규범의 적용을 받으며 법에 의해 같은 권리·의무를 가지게 된다. 따라서 국가통합은 하나의 기본이념과 체제를 가질 때만 가능해진다. 연방국가도 헌법은 하나이고 그 영역에서는 단일한 지배이념이 체제작동의 원리가 되면 또한 하나의 정치체제를 가진다. 연방국가와 달리 '국가연합'(Confederation)이라고 부르는 통합은 국가통합이 아니다. 지배이념, 체제 그리고 이를 규정하는 헌법을 달리하기 때문이다. 현재 남북한에는 전혀 다른 체제이념에 의해

---

19) 김갑철, "민족통일의 개념과 남북한체제의 변화,"『한국 민족주의와 통일』(한국국민윤리학회 1992년 하계세미나 자료집), pp.8-9.
20) 이상우, "국가통합과 한민족통합의 과제: 통일과제의 새로운 접근,"『신아세아』, 1999년 여름호, pp.15-30.

작동하고 있는 국가가 각각 자리를 잡고 있는데, 이 두 국가를 협의에 의해 하나로 통합한다는 것은 있을 수 없으며, 국가통합은 어느 일방의 체제로만 가능해진다.

우리의 경우 남북한 통일과 관련하여 관심의 초점이 되는 것은 민족통합과 국가통합 간의 관계이다. '민족통합은 국가통합과 일치하는 것인가?' 아니면 '별도로 추진 가능한 것인가?' 민족통합이 이루어지지 않아도 국가통합이 가능할 수 있는 것이 현실이지만, 민족통합이 전제되지 않고 사실상 국가통합을 합의하기는 어려운 것이다. 결국 '정치통합의 성격이 짙은 국가통합보다 민족통합에 역점을 두어야 하는 것이 우리의 과제가 아닌가?'

Ⅲ. 통일의 의미와 당위성

한민족의 통일논의는 경제적 손익을 따지는 냉철한 계산에 의해서만 결정될 문제가 아니며, 그렇다고 순수한 이상과 감상에 따라 즉흥적으로 결정될 문제도 아니다. 따라서 '왜 통일을 이루어야 하는가?'라는 당위성의 문제는 '어떻게 통일을 할 것인가?'라는 방법론의 문제보다 선행되어야 한다. 그러나 지난 반세기 남북한의 이질화는 상당 수준 진행되었고, 적대적인 정부는 분단을 권력의 공고화 혹은 체제유지를 위한 방편으로 이용하여 통일에 대한 활발한 논의와 국민의 합의를 도출하지 못했다. 그 결과 통일의 당위성을 논하는 것 자체도 현실적으로 어려운 일로 남아 있다. 그럼에도 불구하고 우리 정부는 통일을 이루어야 하는 이유를 다음과 같이 설명하고 있다.[21]

첫째, 우리는 통일신라 이후 1,300년 동안 유지되어온 단일민족국가로서의 전통을 이어 나아가야 할 필요가 있다.

둘째, 남북분단의 고통과 불안을 더 이상 지속시켜서 안 된다.

셋째, 무한경쟁시대를 이겨나가기 위해서는 과도한 분단비용을 생산 및 복지 증대를 위한 재원으로 전환시켜야 한다.

넷째, 통일이 이루어지면 우리는 새로운 밀레니엄 21세기에 국제사회의 주역으로 부상할 수 있다.

한편 분단구조 극복을 위한 방향성 정립과 관련하여 남북한이 평화공존과 민족통일을 통한 민족통합과 대승적인 차원에서 진정한 민족사의 발전을 위해 분단구조를 극복하기 위한 노력이 절실하다. 이를 위해서는

첫째, 이데올로기의 경직성으로부터 자유로워져야 한다. 식민지통치의 경험, 외부에 의한 광복과 외세에 의한 남북한 정권 수립, 동족 간의 전쟁으로 인한 적대감 형성, 전쟁 이후 분단체제의 강화로 인해 우리 국민들은 다양한 사상과 진정한 정치체제에 대한 사고의 기회를 가질 수 없었다. 특히 한국전쟁 이후 남한 사회는 공산주의에 대한 혐오감으로 '적색공포증'을 갖게 되었으며, 그 결과 극단적인 반공주의를 모토로 내

---

21) 통일교육원, 『통일문제 이해: 통일환경과 남북관계』, 통일교육원, 1999), pp.28-30.

걸면서 체제를 합리화하였다. 북한이 전쟁의 피해의식에 사로 잡혀 극단적인 '주체적' 발전전략을 추구했다고 한다면, 남한 의 경제발전에 대한 집념 역시 적색공포증과 반공주의가 반사 적으로 표출된 피해망상적 행위였다고 할 수 있다.[22) 물리적 강제력을 수반하는 반공이데올로기는 한국 자본주의의 모순과 그 발전과정에서 발생하는 사회적 갈등을 억제하는 공격적이 며 적극적인 이데올로기로 기능하였다. 반공이데올로기의 공 격적 성격은 한국전쟁 이전까지는 형성되지 못했다.[23)

둘째, 분단 이후 남북한의 발전사를 긍정적으로 이해하는 자세가 필요하다. 남북한은 미국·소련 간의 냉전시기에 강대 국의 이해관계에 의해서 남북으로 분단되었지만 남북한이 처 한 자본주의/사회주의 세계체제 속에서 최선을 다해왔다. 남한 은 종속이라는 비난을 무릅쓰고 물질적 풍요로움을 일구어냈 으며, 북한은 사회주의 경제의 구조적 열악성 속에서도 자주 적인 정신력을 키워왔다. 지난 50년간 남북한이 추구해온 발 전과정은 각기 체제상의 많은 문제점(특히 북한의 정치적 억 압과 남한의 불평등과 같은 사회문제)을 안고 있지만 우리는 이를 같은 민족으로서 서로 다르게 쌓아온 총체적 삶의 결실 로 받아들이고 이해해야 한다. 냉전시대의 아픔과 굴레에서 벗어남은 물론, 상대방 사회체제의 약점을 체제공격의 대상으 로 삼아왔던 기존의 태도에서 벗어나는 노력이야말로 새로운

---

22) 김병로, "세계화와 통일한국: 그 의미와 과제," 『계간 사상』, 1995 봄호, p.227.
23) 황병덕, "통일조국의 이념," 같은 책, p.285.

통일시대의 역사를 긍정적으로, 주체적으로 창조해 나가는 시발점이 될 것이다.

셋째, 북한이 삶의 철학과 생활신념으로 삼고 있는 주체사상에 대한 폭넓은 이해가 필요하다. 주체사상이 대다수 북한 주민들의 인생관·가치관에 중심으로 자리를 잡고 있는 것이 현실이다. 또한 주체사상이 해석하는 고구려 중심의 역사, 민족주의, 수령관, 우리식 사회주의 등에 대해서도 활발한 토론이 필요하다. 북한 사람들이 믿고 있는 주체사상을 융합 흡수할 수 있는 여유가 분단구조를 뛰어넘는 하나의 조건이 될 수 있다. 다행스러운 것은 북한 사람들은 남한에 비해 통일에 대한 정열이 강한 것으로 보일 수 있다는 사실이다. 이는 북한 정권이 남조선 해방 논리로 민족통일을 이념적 중간 목표로 주입시킨 결과에 기인한다.

넷째, 한국전쟁에 대한 화해를 선언해야 한다. 한국전쟁으로 내면화된 대결구도와 갈등, 두려움에 대한 화해 없이 민족화합과 공존으로 나아갈 수 없는 것이 현실이다.

마지막으로, 통일 과정과 통일 이후에 대한 상황에 냉철하게 대처하여야 한다. 한반도의 통일은 본질적으로 남북한 민족 양자 간의 문제이지만, 현실적으로 주변4국의 이해관계가 맞물려 결국 국제적 성격을 띠고 있다. 따라서 통일과정에서 남북한의 자주성과 민족 이익이 극대화될 수 있는 지혜를 모아 나가야 한다. 또한 남북한의 통일과정과 통일한국에서 초래될 심각한 이념적·심리적·문화적·사회적 갈등을 최소화하기 위한 준비를 해나가야 한다.

이를 위해 우선적으로 우리 사회의 민주화와 정의를 실행하기 위한 노력이 선행되어야 함은 지극히 당연하다. 정당의 민주화와 분권화, 자발적인 정치참여 통로의 제도화와 같은 정치적 민주주의, 노사화합과 부의 재분배, 다양한 대중운동의 활성화를 통한 경제적 민주주의, 사회적 민주주의를 지향하는 노력이 무엇보다 요구된다고 할 것이다.

현실적 측면에서 통일은 첫째, 경제적인 측면에서 분단체제를 유지하는 데 드는 분단비용이 통일비용보다 훨씬 더 크다는 것이다. 남북한은 적대적인 분단체제 유지를 위해 매년 엄청난 국방비를 소모하고 있고, 젊은 인재들을 소모하고 있다. 이처럼 분단비용은 단지 물질적인 영역에만 국한되지 않고 사상적·정신적 경직성으로 창조적 지혜의 계발과 윤리성에도 막대한 저해를 가져오고 있다.[24] 둘째, 분단체제를 극복하지 않고 인구·영토·자원이라는 측면에서 남한만으로 세계적인 문화국가로 나아가기에는 역량이 부족하다는 점이다. 무한경쟁의 세계화·정보화 시대에 우리의 힘이 내부적으로 분산된 채 세계를 상대로 나아가기에는 한계가 있다. 따라서 한민족이 지닌 힘의 시너지 효과를 위해서도 통일은 필요하다고 할 것이다.

---

24) 김병로, 앞의 글, p.218.

Ⅳ. 결론: '차이'의 극복과 통일논의의 발상 전환

결론적으로 남북한의 통일과 민족통합은 과거와 현재에 대한 반성 위에서 새롭게 시작되어야 한다. 이를 위해, 첫째, 경쟁적·소모적·정권유지적 차원의 기존의 통일정책과 통일논의에 대한 철저한 반성이 먼저 이루어져야 한다. 이기는 통일보다 민족이익이 우선하는 함께 사는 통일에 관한 인식이 통일을 이루는 첩경임을 주지해야 한다. 남북이 공히 하나의 통일정책 논리만을 주장하는 것은 이미 진정한 의미의 통일과는 거리가 멀다. 통일은 인위적인 노력에 의해서보다 자연스럽게 이루어지는 것이 민족의 화합을 위해서 바람직하다. 그러나 민족의 비상사태에 대한 철저한 대비를 하는 것은 필요하다.

남북한의 교역과 교류가 촉매제가 되어 북한이 이에 적응하지 못하여 파멸된다고 한다는 그 체제는 한국의 국가이익이나 한민족의 민족이익의 입장에서도 존재할 가치가 없다고 말할 수 있다. 물론 한국이 의도적으로 북한의 붕괴를 촉발시킬 정책과 전략을 구상하여 통일정책을 하나의 책략으로 추진하는 것은 삼가야 할 것이다. 그러나 북한이 동의하는 범위 내에서 남북한 교역과 교류가 활발히 추진되어 그 결과로 북한 정권의 붕괴보다 북한이 보다 풍요하고 유연한 체제로 서서히 변화하는 데 기여하는 것이 바람직할 것이다. '남북한 어느 쪽이 주축이 되어 통일이 이루어져야 하느냐?'라는 문제보다 보다 풍요롭고 자유롭고 행복한 삶을 제공할 수 있는 체제경쟁에서 우월한 위치를 점하는 쪽으로 통일이 되어야만 하는 것이다. 그것이 곧 남북한의 국가이익이요, 민족이익과 부합되는 통일의 논리이다.[25)]

'통일을 위한 바탕을 어떻게 마련해야 하는가?' 이는 흡수통일이냐 민주적 통일이냐, 국가연합이냐 연방이냐, 그리고 군축·교류·경제협력·평화협정 체결 등과 같은 방법론적 논의에 우선되는 문제이다. 현실적으로 남북한은 통일논의와 관련하여 남북한은 공동의 입장과 상반된 주장을 동시에 펼치고 있다. 공동의 입장은 김일성의 1992년도 신년사에서

> "조국통일의 주체는 전체 조선민족인 것만큼 민족대단결을 이룩하는 것은 조국통일의 근본 담보가 됩니다. 조선민족은 누구나 다 민족공동의 리익을 첫자리에 놓고 거기에 모든 것을 복종시키며 사상과 정견·신앙의 차이에 관계없이 조국애와 민족자주정신에 기초하여 단결하여야 합니다."

라고 말하고 있다. 그러나 통일을 이루기 위한 남북한의 화합 단계에서는 남북한의 직접적인 대화와 협력보다 오히려 북한과 미국과의 관계개선을 선행조건으로 내세우는 이중성을 보이고 있다. 이러한 일관된 북한의 주장의 예에 따르면,

> "조선민주주의인민공화국과 미합중국은 정전협정의 실제적 당사자이다. 더욱이 미국에 의해 정전협정의 기본 조항들이 파기되고 정전기구들이 마사진 조건에서 응당 그에 대한 책임을 지고 있는 미국이 정전체계를 평화보장체계로 바꾸는

---

25) 구영록, 앞의 글, p.45.

문제를 담당해야 한다. 평화를 보장하고 전쟁을 방지할 수 있는 제도적 장치만 가동되면 련방제 통일에 더욱 유리한 조건이 조성될 수 있다."26)

는 것이다. 그리고 1996년 신년 공동사설에서 북한은

"조선반도의 평화와 안전을 보장하고 통일을 실현하는 데에서 선차적으로 나서는 해결해야 할 문제는 우리와 미국 사이에 새로운 평화보장체계를 수립하는 것이다. 우리와 미국 사이에 새로운 평화보장체계를 세우면 조선반도 정세는 완화되고 북남합의서의 리행도 순조롭게 될 것이며 조국통일에 긍정적인 영향을 미치게 될 것이다."27)

임을 여전히 강조하고 있다.

보다 어려운 문제는 남북한의 엄청난 체제 간의 차이로 인해 어떤 특정한 통일방안도 적실성이 결여되어 있다는 것이다.28) 통일로 가는 길은 특정 방향이 정해져 있는 것은 아니다. 기능주의적 접근방법을 통하여 남북한 정치, 경제 그리고 사회 측면에서 수렴의 과정을 거쳐 비슷한 체제로 변모한다는 것이 혼란과 후유증 없는 통일의 방법이다. 이 방법만이 서로의 국가이익과 민족이익을 잘 조화시키는 통일로 가는 길일 것이다. 남북한의 국가이익과 민족이익을 동시에 실현할 수 있는 방법은 체제경쟁에서 보다 자유롭고 풍요로운 행복한 삶

---

26) 1995년 8월 11일자로 발표한 북한의 '정부비망록.'

27) 『로동신문』, 『조선인민군보』, 『로동청년』 1996년 1월 1일자 신년호 공동사설 "붉은 기를 높이 들고 새로운 진군을 힘차게 다그쳐 나가자."

28) 구영록, 앞의 글, pp.35-36.

을 창출할 수 있는 우월한 체제가 주축이 되어 한반도 통일을 이룩하는 것이며, 그것이 곧 최상의 민족이익을 성취하는 것이다.29)

서중석은 이와 관련하여 우리의 근대사·현대사에 대한 체계적인 연구와 교육의 중요성을 강조한 바 있다.30) 그는 "어느 나라나 근대사·현대사는 현실문제 해결이나 미래를 향한 비전과 직결되어 있기 때문에 중요하게 다루어지고 있다. 더욱이 한국은 근대에 들어와 비서구 후진국가인 일본에게 강점을 당했고, 현대사회가 열리면서 분단이 되었으며, 그 분단이 특수성을 띠었으므로, 그만큼 더 근대사·현대사를 잘 알아야만 식민체제·분단체제를 극복할 수 있는 것임에도 불구하고, 바로 그 이유 때문에 근대사·현대사를 연구하기도 교육하기도 어렵기에 지금도 대학에서조차 현대사 과정이 제대로 강의되는 곳은 극소수에 불과하다."라고 하여 역사의 중요성과 역사교육의 현 실태를 간파하고 있다. 나아가 "한국 근현대사에 무지하거나 왜곡된 지식을 갖고 있을 때 통일의 길은 미로가 되기 십상이다. 더구나 남과 북은 근현대사에 대해 절망적일 정도로 차이가 심한 주장을 하고 있는데, 통일로 가기 위해서는 근현대사 연구와 교육이 이제부터라도 활발히 이루어져야 하고, 그것은 역사 전체의 흐름 속에서 그리고 민족 전체의 관점에서 인식되어야 하며, 또한 객관성을 지니도록 노력해야

---

29) 구영록, 앞의 글, pp.46-47.
30) 이하 인용은 서중석, "한국전쟁 후 통일사상의 전개와 민족공동체의 모색," 역사문제연구소 편, 『분단 50년과 통일시대의 과제』, 서울: 역사비평사, 1995, pp.360-362 참조.

할 것이다. 역사의식의 바탕 위에 정상적인 가치관이 통용되고, 건강한 사회의식·시민의식을 가질 때 통일지향의 민족의식이 형성되고 함양될 수 있다."라는 의견을 제시하였다.

우리의 문화와 역사에 대해 공감대를 확대할 필요가 있다. 한민족 통합운동은 민족의 동질성을 공감하는 데에서 출발하여 그것을 극대화할 때 완결될 수 있다. 따라서 민족적 동일체 의식을 심어주는 문화와 역사는 통일로의 길을 여는 데 필수불가결한 부분이다. 그러한 측면에서 북한 주민들이 지니고 있는 민족적 자긍심이나 순박성은 일정하게 통일에의 자양분이 될 수도 있을 것이다. 이러한 논의를 확대하면, 결국 한민족 정체성과 민족통합은 동의어로 볼 수 있을 것이다. 우리나라의 경우 강제적으로나 평화적으로 통일을 한다고 하더라도 그 후에 오는 민족통합은 통일보다 더 어려운 과제로 남을 것이다. 우리 민족의 통합은 일반적인 통합이론이나 방법론에서 찾을 것이 아니라, 우리의 민족문화에서 찾아야 한다. 특히 우리나라의 정치문화(political culture)에서 찾아야 한다. 우리 민족의 통합이 어려운 이유는 지난 50년 동안 남북한의 지도자들과 그들의 정부가 서로 상반된 정치문화를 만들어냈고 그 문화는 이질적으로 발전하였다.[31] 결국 한민족 통합은 남북한에 실재하는 '차이'를 인식하고, '극복'하는 길에서 시작되어야 한다. 남북한 간의 실체를 상호 인정하고, 상호 이익을 추구하여 궁극적으로 한민족이 '하나 됨'으로 나아가야 한다.

---

31) 서대숙, 앞의 글, p.9.

결국 한민족 통합운동은 외세에 의해 분열된 우리 민족의 정체성 혹은 민족정신을 회복하는 길이며, 따라서 우리의 자주성을 되찾는 길이다. 또한 이는 갈등과 적대감으로 점철된 우리 현대사에 대한 화해작업이다. 이를 통해 분열된 민족정기를 하나로 모으고, 세계사의 문명 주역으로 나서기 위한 노력이 곧 한민족의 통합운동이다.

참고문헌

김갑철, "민족통일의 개념과 남북한체제의 변화,"『한국 민족주의와 통일』(한국국민윤리학회 1992년 하계세미나 자료집).

김병로, "세계화와 통일한국: 그 의미와 과제,"『계간 사상』, 1995년 봄호.

김영명, "민족통합을 보는 새로운 시각: 정치학적 측면," 서대숙 외, 『민족통합과 민족통일』, 한림대학교 민족통합연구소, 1999.

김유남,『두 개의 한국과 주변국들』, 서울: 훈민정음, 1996.

김　혁, "한반도 통일에 대한 이론적 접근: 기능주의적 통합론에 대한 비판과 그 대안의 모색,"『한국정치학회 1996년 연례학술대회 자료집』.

구영록, "한국의 국가이익과 통일정책," 구영록·임용순 공편,『한국의 통일정책』, 서울: 나남, 1993.

백낙청,『흔들리는 분단체제』, 서울: 창작과 비평사, 1998.

사회과학원 철학연구소 편,『철학사전』, 서울: 도서출판 힘, 1988.

사회과학출판사 편,『주체사상의 사회역사원리』, 서울: 백산서당, 1988.

서대숙, "우리 민족통합의 개념과 방향," 서대숙 외,『민족통합과 민족통일』, 한림대학교 민족통합연구소, 1999.

서중석, "한국전쟁 후 통일사상의 전개와 민족공동체의 모색," 역사문제연구소 편,『분단 50년과 통일시대 과제』, 서울: 역사비평사, 1995.

이봉철, "통일정책 추진과 국민합의," 구영록·임용순 공편,『한국의 통일정책』, 서울: 나남, 1993.

이삼열, "통일의 철학과 철학의 통일,"『한민족 철학자대회 자료집』, 1991.

이상우, "국가통합과 한민족통합의 과제: 통일과제의 새로운 접근,"『신아세아』, 1999년 여름호.

이은호·김영재 공편,『북한의 정치와 사회』, 서울: 서울프레스, 1997.

이종석,『분단시대의 통일학』, 서울: 한울, 1998.

이헌근, "남북한 도덕교육의 특성 비교: 북한 인민학교 교과서 분석을 중심으로," 한국국민윤리학회, 『국민윤리연구』, 제43호, 1999.

_____, "김정일 정권의 지속력: 유교와 북한 통치사상의 상관성을 중심으로," 한국국민윤리학회, 『국민윤리연구』, 제41호, 1999.

_____, "북한의 정치문화," 북한문제연구학회 편, 『북한연구』, 부산: 세종출판사, 1998.

_____, "김정일 체제와 주체사상: 권력세습과 체제유지," 부산국민윤리학회, 『부산국민윤리연구』, 제9집, 1997.

유호열, "통일학 연구의 현황과 과제,"『한국정치학회 1996년 연례학술대회 자료집』.

진덕규, "현대 한국 민족주의 인식의 편차성에 대하여: 민족과 민족주의를 보는 남북한의 시각,"『한국 민족주의와 통일』(한국국민윤리학회 1992년 하계세미나 자료집).

통일교육원, 『통일문제 이해: 통일환경과 남북관계』, 1999.

한호석, "관여·확장전략과 협상·공존전략의 배치, 그리고 한(조선)반도 통일정세의 변동 방향," 미주평화통일연구소, 1995.10.

황병덕, "통일조국의 이념,"『계간 사상』, 1995년 봄호.

『정치사전』, 평양: 사회과학출판사, 1973.

『현대조선말사전』, 평양: 과학백과사전출판사, 1991.

『김일성저작집 35』, 평양: 조선로동당출판부, 1987.

『김일성저작집 44』, 평양: 조선로동당출판부, 1996.

기타 『로동신문』, 『중앙일보』, 『조선일보』 등 참조.

민족주의 담론과 한민족 통합

"어느 학자가 민족주의를 주제로 연구하는 것이 개인의 능력으로서 가능하다고 할지라도 끝내는 그 사람을 지칠 대로 지치게 할 것이다."

― Carlton J. H. Hayes

I. 서론

민족주의만큼 다의적인 용어가 드물며, 따라서 이를 한국적 의미로 정의하기란 사실상 불가능한 것일 수 있다. 그러나 '민족'이라는 용어를 빼고, 과연 한민족 분단을 통일로 이끌어낼 수 있는 사유체계를 발견하기란 여간 어려운 일일 것이다. 물론 필자는 이러한 시각에 대한 비판적 논의들, 즉 통일이 민족 내부 문제인지 혹은 국제적 문제인지에 대한 합의가 어려움을 인정한다. 그러나 분명한 점은, 한민족의 통일이 우리 내부 문제인 동시에 국제적 문제일 수밖에 없는 현실을 인식해야 한다는 점에서, 분명 통일담론은 민족 내부 문제에서 시작될 수밖에 없다는 사실은 지극히 자명하다.

혹자는 세계화 시대에 역행하는 '민족주의'라는 화두로 한민족 통일문제를 담론하는 것이 시대에 역행하는 것으로 생각할지도 모른다. 그럼에도 불구하고, 우리의 통일문제는 다시 민족주의로 되돌아가야 하는 데는 다음과 같은 이유가 존재한다.

첫째, 민족주의는 그 성격상 다른 이데올로기와 결합되는 경향이 있다. 따라서 통일한국의 새로운 이념체계를 창출하기 위한 논의에서, 민족주의는 그 위험성에도 불구하고 여전히 유용하다고 할 것이다. 즉 민족주의는 우리의 사유를 자유롭게 확대할 수 있는 지평을 제공한다.

둘째 '민족'이라는 개념만큼 분열된 우리를 하나의 민족으로 정서적으로 통합할 수 있는 도구적 언어가 존재하지 않기 때문이다. 한민족 통일의 당위성을 자유주의 체제의 우월성 강조, 통일의 경제적 가치, 유구한 민족사의 전통 회복과 인도주의적 차원의 통일논의는 사실상 큰 효력을 갖지 못하고 있다. 또 하나, 북한을 전형적인 '폐쇄적 민족주의 국가'로 상정할 수 있음에도 불구하고, 주체니 자주니, 제국주의 비판 논리, 조선민족제일주의, 나아가 연방제 통일론까지도 이 '민족'의 개념에 기초하고 있기 때문이다. 즉 북한은 외형적으로 민족이나 민족주의에 대해 비판적인 입장을 취하고 있으나, 사실은 이 개념을 북한 사회의 지배 논리, 통일 논리로 활용하고 있다.

셋째, 세계화 시대 우리 민족 내부의 통합 논리로서 '민족'은 새로이 강조되어야 하며, 이를 통해 단합된 모습으로 21세기에 슬기롭게 대처할 수 있기 때문이다. 이는 결국 민족의 정체성 회복을 위한 논리 이상이며, 세계화 시대 문화의 주체로서 민족정체성이 발휘되기 위해서도 필요한 것이다.

마지막으로, 결국 통일과정에서 '민족주의적' 경향이 대세를 이룰 수밖에 없는 현실성을 지적하고자 한다. 독일의 통일과정에서 민주화, 자주화, 자유화, 주권, 인권, 국민과 같은 구호는 마지막으로 "우리는 한 민족!"(Wir sind sein Volk)이라는 구호로 전환되었음을 상기할 필요가 있다.

II. 민족주의 개념의 다의성

민족주의 논의는 어느 시대에나 존재할 수밖에 없다. 다만, 그것이 강조하는 내용과 방법에 따라 민족주의가 다양하게 나타날 수 있음은 역사가 잘 보여주고 있다. 따라서 민족주의 연구가 어려운 이유들로 민족주의라는 어휘가 지닌 다의성의 문제, 시간과 공간 또는 문화적 유산에 따라 시각이나 목적이 다르게 나타난 점, 민족주의라는 것이 지극히 감성적이고 체감적인 문제라는 점, 여타의 이데올로기와 융합 가능성, 때로는 민족주의가 빚은 부도덕한 역사적 결과 등이 지적되는 것은 지극히 적절하다.[1]

그리고 민족주의가 우리 역사에서 갖는 의미는

> "한국사에 있어서 민족주의의 문제가 무게 있게 제시되는 이유는 우리 역사가 가지는 특수성 때문인 것으로 보인다. 즉 '우리 역사는 그 역동적 주체가 무엇인가?'라는 점에 주안을 두어 생각해볼 때 국가의 형성·소멸사라기보다 민족 흥망사였다는 논지의 성립이 가능하다는 사실은 우리의 역

---

1) 신복룡, 『한국 정치사상사』, 서울: 나남, 1997, pp.169-171.

사에 있어서의 민족주의가 그만큼 중요성을 가지고 있음을
의미한다."[2]

는 주장에서 잘 요약되고 있다.

따라서 박호성은 "'우리나라'의 민족주의가 형식적 '선언'에
그치더라도 당분간 계속 강조될 필요가 있음에 주목하고 있
다. 그것이 고작 '도덕적' 용트림에 지나지 않는다 하더라도
좋다."라고 주장하며, 나아가 "민족주의는 창窓이요, 있을지도
모르는 민족주의의 폐해는 그 창에 낀 성에와 같은 것일 수
있다. 성에를 닦아낸다고 해서 결코 유리창 자체가 없어지는
것은 아니다. 오히려 더욱 맑아질 뿐이다. 또는 성에 자체가
흐릿하게 가로막고 있다고 해서 그 창이 존재하지 않는 것도
아니다. 우리는 성에를 통해서가 아니라 바로 창을 통해서 외
부 세계와 만나고 있다."라고 지적한다. 물론 "민족주의가 요
청되고 성행하는 시대는 불행한 시대이다."라는 그의 주장[3]에
필자는 견해를 같이한다.

그러나 민족주의 연구가 이와 같은 어려움에도 불구하고 그
결과의 선악이나 호오好惡를 떠나서 이미 민족주의는 근대사
에서 중요한 추진력 또는 구성인자가 되어 있기 때문에 이의
외면은 역사학이나 사회과학의 중요한 부분을 간과하는 결과
를 낳게 될 것이다. 이러한 역사적 상황은 한국사의 경우에도
마찬가지여서 한국의 근대사는 민족의 자존을 둘러싼 민족주

---

2) 신복룡, 『한국 정치사』, 서울: 박영사, 1997, p.148.
3) 박호성, 『21세기 한국의 시대정신』, 서울: 토지, 2000, pp.119-120.

의와 제국주의(신식민주의)의 갈등 또는 이에 대한 내재적 갈등의 연속이었다고 해도 과언이 아닐 것이다.4)

민족은 요컨대 역사적이고 실천적인 존재이다. 따라서 민족 개념은 역사적으로 축적된 해당 민족의 공통적인 체험을 반영하면서 동시에 앞으로 실천적으로 지향할 민족적 목표까지 압축적으로 담아내고 있다. 북한의 경우처럼 민족 개념이 국가나 당에 의해 계획적으로 만들어질 때, 그것은 특히 강력한 목표지향적인 실천 의지를 공식적으로 천명하고 다짐하는 터전으로 기능할 수밖에 없게 된다. 북한의 민족 개념은 한마디로 통일지향적이다.5)

결국 이 주장에서도 나타나듯이 민족은 역사적이며 실천적인 동시에 미래지향적 목표를 담고 있는 그릇이다. 그럼에도 불구하고 북한의 민족 개념은 다분히 계획적 의도로 표출되었고, 그리고 북한의 민족주의는 김일성에 의해 애국주의, 사회주의, 조선민족제일주의와 동일시되는 경향을 보여주었다. 그리고 남한의 민족주의 역시 형식적으로는 언제나 통일지향적이었다. 김일성은 민족주의에 대해

"민족주의는 인민들 간의 친선관계를 파괴할 뿐만 아니라 우선 자기 나라 자체의 민족적 리익과 근로 대중의 계급적 리익에 배치됩니다. 부르즈와 민족주의와 배타주의는 프로레타리아 국제주의 및 사회주의적 애국주의에 적대되며, 대중 속에서 진정한 애국주의의 건전한 발전을 방해합니다."6)

---

4) 신복룡, 『한국 정치사상사』, p.171.
5) 박호성, 앞의 책, p.138.

라고 정의하고 있다.

이처럼 북한의 민족주의는 폐쇄적 애국주의, 남한의 통일이념에 담긴 민족주의는 자유민주주의라는 이념적 혹은 체제우월적 논리로 귀결되는 경향을 보이기도 하였다. 결국 우리가 추구해야 할 새로운 민족주의는 '민족'지향적인 사유체계와 자기제한적 급진주의(self limiting radicalism) 혹은 동어의 이중주의(dualism)적 해석의 오류에 빠질 위험성을 배제해야 할 것이다. 그렇다면 이를 '어떻게 극복할 것인가?'라는 과제가 새롭게 제기된다. 이러한 관점에서 본 연구는 통일과 민족주의에 관한 기존의 논의들을 통해, 한국에서 여전히 민족주의가 통일에 대한 접근방법인 동시에 통일의 필요성 인식 및 통일과정에서 공통분모의 역할을 할 수 있음에 주목하고자 한다. 따라서 필자는 분단 한국에서 민족주의가 상이하게 해석되고 있음으로 인한 역기능에 주의하면서 논의를 진행하고자 한다.

김동성은 한국 민족주의를 구성하는 신념체계로서 애족주의(ethnocentrism), 애국주의(patriotism), 집단의식(group conscious-ness), 이념주의(ideology/ideological orientation)라는 4가지 요소의 결합으로 상정하고 있다.7)

민족주의는 이를 연구하는 사람만큼 다양한 개념과 이론체계를 지니고 있다. 따라서 통일한국의 통합 논리로서의 민족

---

6) 『김일성선집』, 제5권, 1960, p.236.
7) 김동성, 『한국 민족주의 연구』, 서울: 오름, 1995, p.79.

주의의 효용성을 제시하기 위해서는 남북한에게 지금까지 다양하게 제시되어온 모델중심이 아닌 우리 나름의 새롭고 포괄적인 민족주의 이념체계의 기본 설정과 실천 방향성이 제시되어야만 한다.[8]

그러나 원론적으로 한국 민족주의에 대한 논의[9]는 역사 인식에 대한 시각 차이로 상이하게 제기되어왔다. 예컨대 내셔널리즘은 역사에서, 통합의 힘, 현상유지의 힘, 독립의 힘, 동포애의 힘, 식민지 팽창의 힘, 침략의 힘, 경제적 팽창의 힘, 반식민주의의 힘을 나타내었다.[10] 한국 민족주의를 구성시켜 온 필수요소는 한민족 혹은 우리 국민의 민족정체성民族正體性에 대한 긍정적 인식과 민족자존의식, 반제·반봉건의 민중주의 출현과 전개, 국민주권의식의 형성과 그것의 정치운동화, 민족적 독립의지와 운동력, 국민적 근대화의지와 그 지향성指向性 등이었다.[11]

한편, 신복룡 교수는 통일이념으로서 한국 민족주의가 갖는 장애 요인들에 관해 다음과 같이 언급한 바 있다. 첫째, 통일운동으로서의 민족주의적 경험의 미숙이 분단의 고착화 과정에서 모순을 극복하지 못한 요인임을 밝히면서 이렇게 지적하고 있다.

---

8) 같은 책, p.271.
9) 한국 민족주의의 전개과정에 대한 자세한 논의는 이만열, "민족주의," 『한국사 시민강좌』, 제25집, 1999를 참조할 것.
10) 차기벽, 『민족주의 원론』, 서울: 한길사, 1990, pp.72-73.
11) 김동성, 앞의 책, p.81.

"불행하게도 한국 정치사에 있어서는 통일운동이라는 민족주의적 유산은 존재하지 않는다. 이데올로기는 기본적으로 역사적 유산에 뿌리박고 있으며, 그들의 전통적 체험이 그들의 과업을 성취하는 데 있어서 최선의 해답을 제공할 수가 있다. 그러나 한국사에 있어서는 통일운동의 체험이 없었기 때문에 해방정국 이후 분단의 고착화 과정에서 이 모순을 극복할 수 있는 교훈이나 방략方略을 우리의 역사적 교훈 속에서 찾을 수 없었다."[12]

둘째, 남한의 독점적 재벌구조를 예시하면서, 민족주의와 경제력 또는 경제체제와의 상관성에 주목하고 있다.

"한국의 경우에는 경제적 지배계급이 전근대사회의 지주로부터 자본가계급으로 전이轉移되면서 경제적으로 가진 자(the economic haves)들이 민족주의를 외면하는 점에 있어서는 변함이 없다. 봉건적 지주계급이든 자본주의적 독점경제체제이든 그들은 외세와 민족적 이질성이 있을 뿐만 아니라 그 지도원리에 있어서도 커다란 차이가 있음에도 불구하고 자신의 이익인 경제적 기득권을 수호하기 위해서는 차라리 외세와 타협할지언정 민족주의 노선에 동참하지 않는다. 이 점은 통일논의에 있어서도 마찬가지다. 1990년대에 들어서면서 가속화된 남북의 해빙과 통일의 열기와 여망이 아무리 고조된다고 할지라도 독점경제체제가 기득권을 포기하면서 통일노선에 참여하지는 않을 것이다. 따라서 남한에서 통일논의가 실현될 수 있는 가능성은 그것이 이 사회의 경제적 지배계급에게 줄 수 있는 경제적 과실果實의 정도에 비례할 것이다."[13]

---

12) 신복룡, "통일이념으로서의 한국 민족주의," 『한국 민족주의와 통일』(한국국민윤리학회 세미나 자료집), 1992.7, p.56.

13) 같은 글, pp.57-58.

그밖에 한국 민족주의의 장애요인들로는 북한의 정치적 폐쇄성과 권력승계의 문제, 지배계급의 정치적 미숙과 민중주의의 허구, 남북한의 군사문화적 유산 등을 지적하고 있다. 특히 남북한 사회 모두의 문제점으로 존재하는 군사문화의 부정적 영향에 관해서는,

> "한국의 분단은 내전內戰(한국전쟁)을 통해 더욱 비극적인 방향으로 흘러갔다. 전쟁은 전사戰士들의 국가를 낳았으며, 전사들의 국가는 공격성이 높은 집단으로 하여금 비교적 반전적反戰的인 집단을 지배하게 만들었으며, 의외로 길었던 이 기간 동안 남북에서 모두 군사문화가 지배하는 사회가 구축되었다. 군사문화가 한반도 통일의 걸림돌이 되는 이유는 그들이 다른 직업에 비해 남달리 강한 대결의식으로 무장되어 있다는 사실 때문이다. 그들은 인간관계를 인식함에 있어서 적과 동지의 이분법적 논리를 적용했고, 회색분자(man in-between)도 함께 적으로 간주했다. 이러한 인간관계의 인식은 항상 공적共敵의 개념을 필요로 했다. 공적은 그들을 긴장시킴으로써 그들이 응집할 수 있는 에너지가 된 것은 사실이지만, 분단의 극복이란 결국에는 화해이며 타협이라고 볼 때, 군사문화의 대결의식은 남북문제의 해결에 결코 도움이 될 수 없었다. 더구나 자본주의 체제에서의 군사문화는 대체로 우익적이어서 그들은 공산주의와의 타협을 사갈시蛇蝎視했을 뿐만 아니라 권위주의적이며 종적인 지휘체계는 의견의 다양화를 허락하지 않았다. 어떤 의미에서 본다면 오랫동안 군사문화에 길들여진 남북한의 지배계급에 있어서 자신의 이기적인 체제 유지를 위해서도 적과 이를 통한 긴장의 존재는 유익했고, 따라서 그들에게 있어서 분단은 필요악이었다."[14]

---

14) 같은 글, pp.60-61.

라고 하는 구체적 논술에 집약되고 있다.

통일과 민족주의 논의에 관련된 그간의 연구들은 낭만적 민족주의, 개방적 민족주의, 융화적 민족주의, 성찰적 민족주의(김누리), 통일 민족주의 또는 공동체적 민족주의(강만길), 한반도 민족주의(박호성), 열린 민족주의(이만열) 등 다양하게 명명하고 있다.

결국 어떤 명칭의 민족주의냐에 대한 합의 도출보다 우리의 통일이 나아가야 할 방향과 내용을 담을 수 있는 민족주의를 향해 우리 사회가 일보 진전해야 한다. '통일의 방안'이나 '방안의 통일'보다 통일의 진정한 의미의 성찰과 통일 이후를 슬기롭게 대처할 수 있는 지혜를 모음으로써 우리 민족의 잃어버린 정체성 회복의 길이 모색될 수 있을 것이다. 이를 위한 준비는 남북한 공히 자기반성에서 시작되어야 하며, 민족의 행복이 통일의 목적이 되어야 할 것이다.

Ⅲ. 한국 민족주의의 현실과 통일

종래 한국의 민족주의 연구는 외세에 대한 저항, 즉 반제反帝·반침략적인 측면을 강조하는 경향이 있었으나, 근대화의 추진이나 사회통합 내지 사회구조 재편성과 같은 대내적인 자기 발전 과제가 소홀히 취급되어 연구의 한계를 드러내었다고 지적되었다. 이는 민족주의의 다른 한 측면인 반봉건·근대화운동을 소홀히 했음을 의미하는데, 이 점은 1960년대 이래 민족주의 연구가 새롭게 시도되면서 점차 극복할 수 있었다. 또한 해방 후 분단·냉전체제가 굳어짐에 따라 일정기간 동안 한국 민족주의의 기본과제였던 분단극복(통일)의 문제가 다루어지지 못했는데, 이 점도 1980년대를 경과하면서 점차 극복되어 최근에는 통일문제가 민족주의의 최대 과제로 되었다.[15]

그러나 정현백 교수는 "통일을 이야기할 때 민족주의라는 말을 꼭 써야 하는가?"라고 반문하며, "민족주의는 민주주의로 논의의 강조점을 옮기는 것이 필요하다."라고 제안한 바 있다. 그리고 방기중은 열린 민족주의에 민주주의의 이념을 적용한 '민족적 민주주의'를 통일민족국가에 부응하는 잠정적 역사이념으로 제시하고 있다.[16] 이러한 논의들은 결국 민족주의가 압도하는 통일논의의 역기능이 적지 않다는 점을 지적한 것이기도 하다. 이론적으로는 필자 역시 이 주장에 동의하나, 현실적으로 남북에서의 민주주의는 상이한 의미로 각인되고 있음은 주지의 사실이다.

또 하나 지적되어야 할 기존 통일론의 가장 큰 문제점은 이미 그 안에 통일은 반드시 해야 하며, 그것이 좋은 것이라는 가치판단을 포함하고 있다는 점이다. 정부 주도의 통일정책이나 진보적 통일운동의 논의도 여기서 크게 벗어나지 않는다. 이미 통일은 좋은 것, 반드시 이루어야 할 목표로 전제되어

---

15) 송건호·강만길 편, 『한국 민족주의론』, 서울: 창작과 비평사, 1982, pp.4-5.
16) 방기중, "통일문제와 한국 사학의 과제," 『통일과 역사교육』(제41회 전국역사학대회 발표논문집), 1998.5, pp.29-30.

있기 때문이다. 이와 관련하여 권혁범은

> "'통일'이라는 개념 자체가 이미 통일을 해야 한다는 전제,
> 말 그대로 남북이 하나가 되어야 한다는 전제를 포함하고
> 있기 때문에 개념의 확장을 받아들이기가 쉽지 않다. '통일'
> 은 이미 오염된 개념인 것이다. 그 단어를 꺼내는 즉시 그
> 동안 역사적으로 축적된 뜻이 그것을 포위하고 규정하며 그
> 것의 당위성을 강요할 위험이 있다. 통일을 반드시 해야 할
> 과업으로 전제하는 것은 이미 그것에 대한 의문을 금기시하
> 며, 토론의 공간을 없애버린다. '통일학'이라는 개념이 빠지
> 는 위험도 마찬가지다.17) … 이러한 점을 고려할 때 나는
> '탈분단'이라는 용어가 적합하다고 본다."

라고 주장하며, '탈분단'이라는 용어를 통일의 대체 개념으로
제시한다.18) 나아가 그는 "탈분단을 위해 강조해야 하는 것은
비폭력적·생태지향적 분단 해결, 개인의 존엄성과 인권의 보
편적 기반 위에서만 우리가 행복해지는 통일이 가능하며 그것
을 향해서 남북한, 또 해외의 코리언들이 노력해야 한다는 점
이다. 그리고 탈분단의 목적은 분단으로 인해 제약되고 뒤틀
린 남북한 사회의 다양한 모습들을 비판적으로 성찰하고, 그
것의 극복을 통해서 남북한의 통일과정과 의미를 인류적 보편
성의 가치체계에 연계시키고, 동시에 그것을 한 단계 높이는
데 있다."라고 주장하는 데, 필자는 전적으로 동의한다.

---

17) 필자 역시 '통일'의 개념에 대한 인식의 문제점을 지적한 바 있다. 이에 관해서는 이헌
근, 『북한의 이해와 한민족 통합』, 부산: 신지서원, 2000, pp.4-5 및 제7장을 참조하시
오.
18) 권혁범, "통일 담론의 정치학: 민족주의, 차이의 담론, 인권"(한신대학교 주최 학술회의
발표논문), 2000년 11월 13~15일.

한편 강만길은

"우리는 20세기보다 21세기를 더 유복하고 평화롭게 살아
야 한다고 생각합니다. … 이제 우리는 세계 시민으로서 세
계 평화에 기여할 수 있는 자격을 갖춰야 합니다. 우리가 같
은 민족이기 때문이 아니라 우리가 인간답고 떳떳하게 살기
위해서는 통일이 되어야 합니다. 젊은 세대들에게 단군 자
손이라는 이유로 통일해야 한다고 말해서는 안 됩니다. 너
희들이 앞으로 세계 시민으로서 떳떳하게 평화롭게 살기 위
해, 오늘보다는 내일이 더 낫기 위해서 통일을 해야 한다고
말해야 합니다."19)

라고 하여, 통일의 당위성을 새롭게 제기하고 있다. 결국 평화
롭게 살기 위해, 더 나은 내일을 위해 통일을 해야 한다는 논
리다.

그러나 이와는 반대로 '잘못된 자본주의'와 '잘못된 사회주
의'가 결합하는 '잘못된 통일'의 위험성에 대한 다음의 주장은
의미심장하게 받아들여진다. 즉

"'북한의 개방 또한 불가피한 대세라면?'이라는 질문을 전제
하고 있지만 여기서 정말로 중요한 것은 어떤 종류의 '개방'
인가 하는 점이다. 예를 들어, 지금 중국이 대규모로 진행하
고 있고, 곧이어 베트남 정부가 추진할 것으로 보이는 그러
한 종류의 경제개발을 위한 외부자본과 기술의 도입, 무엇
보다도 이 모든 노력의 근본동기가 되는 구미식 소비생활에
대한 선망의 합법화를 '개방'이라고 한다면, 그 결과는 지금
까지 단 하나의 예외도 없이 그렇게 되어온 것처럼, 또 하나

19) 강만길 교수의 인터뷰 내용 중에서.『교수신문』, 2000년 7월 3일자 5면.

의 인간 및 생태공동체의 비참한 재앙을 초래하는 길이 될 것이다. … 오늘날 한반도 통일을 위한 노력에서 가장 중요한 점은, 지금 우리에게 인간적·사회적·생태적 손상을 끊임없이 강요하는, 그리하여 멀지 않은 장래에 이 땅을 '거주할 수 없는 공간'으로 만들어놓을 가공할 사태의 도래를 필연적인 것으로 하는 이 제국주의적 산업체제에 대한 대안을 찾는 노력이 통일운동과 일치하지 않으면 안 된다는 사실일 것이다. 그렇기 때문에 지금 남북대화보다도 본질적으로 더 중요하고 긴급한 것은 파괴와 낭비의 이 산업체제로부터 우리 자신을 떼어놓는 일이다."[20]

라는 인용에서, 우리가 경계해야 할 점이 잘 표현되고 있다. 따라서 통일의 당위성 강조 못지않게 통일의 위험성에 대비하는 지혜도 필요하다고 할 것이다.

이상의 논의에서 통일, 민족주의, 통일민족주의 그리고 그 개념적 상관성에 관해 고찰하였다. 황병덕은 다음과 같이 민족주의의 의미를 정립하고 있다. 즉

"통일의 기본 이념은 민족주의라고 할 수 있다. … 따라서 민족주의는 한반도에서 통일국가 수립을 위한 이념은 물론, 통일 후 민족국가가 지향하는 기본 이념이 되어야 한다. 그러나 통일조국의 이념적 좌표로서 민족주의는 자유, 복지, 인간의 존엄성 등으로 구성되어 있는 민족복리라는 보편적 가치를 추구하는 한편, 다른 민족과의 이해를 평화적 방법을 통해 합리적으로 조정해 나가는 국제주의를 지향하는 개방성을 지니고 있기 때문에 '열린 민족주의'라고 지칭할 수 있다."[21]

---

20) 김종철, "내가 생각하는 국제화·세계화,"『창작과 비평』, 1994년 봄호, p.21.
21) 황병덕, "통일조국의 이념," 구영록·임용순 공편,『한국의 통일정책』, 서울: 나남, 1995, p.310.

라고 주장하면서, '열린 민족주의'가 통일의 기본 이념이며, 나아가 통일조국의 체제 이념은 정치적 민주주의를 기반으로 사회적 민주주의를 지향해야 한다는 점을 강조하고 있다. 그러나 이 체제 이념인 사회적 민주주의는 '국가중심의 사회적 민주주의'가 아니라 '사회중심의 사회적 민주주의'가 되어야 한다는 것을 제안하고 있다.22) 여기서 제시된 '사회중심의 사회적 민주주의'란 곧 '시민민주주의' 내지 '참여민주주의'의 개념을 내포하고 있는 것으로 볼 수 있다. 이는 결국 사회민주주의라는 이념적 요소의 도입을 제기한 것으로 여긴다.

Ⅳ. 한민족 통합과 '문화 민족주의'

통일을 서독의 '잘못된 자본주의'와 동독의 '잘못된 사회주의'를 변증법적으로 지양할 수 있는 기회로 보는 독일 지식인 그라스(Günter Grass)의 시각은 우리에게 타산지석이 될 것이다.23) 김누리는 독일 통일을 배타적 민족주의와 약탈적 자본주의의 결합으로 규정한 바 있는 바, 이는 우리에게도 적용될 수 있는 통일의 위험성이 아니겠는가?

"통일은 언제나 '재'통일이 아니라 새롭게 만들어가야 할 '신'통일을 의미한다. 그 말은 분단상태의 문제점과 갈등을

---

22) 같은 글, pp.306-307.
23) 김누리, "독일통일과 지식인," 『역사비평』, 2001년 봄호, p.354.

그대로 옮기는 것이 아니라, 그것을 지양하는 과정으로 통일을 이해해야 한다는 것이다. 남북한 간의 엄밀한 체제비교는 어느 한쪽의 절대적 우위를 어렵게 만든다. 과연 누가 북한 노동자의 권리가 남한 노동자의 그것에 미치지 못한다고 말할 수 있으며, 남한 시민의 권리가 북한 시민의 권리보다 못하다고 할 수 있을 것인가? 그런 의미에서 통일은 남한 자본주의를 혁신하고, 북한 사회주의를 개혁하는 기회이자 과정이라고 인식해야 한다."[24]

결국 통일은 남북한 양 체제가 안고 있는 모순과 부조리를 동시에 치유하고 개혁하는 기회로 삼아야 한다는 인식이 그 토대가 되어야 한다. 따라서 새로운 통일은 남북한의 권위주의적 자본주의와 권위주의적 사회주의를 극복하는 제3의 길을 찾는 과정[25]인 동시에, 나아가 남북한의 모순을 동시에 극복하는 사회적 이념으로서 민주적 사회주의 혹은 사회 민주주의가 현실적 대안으로 진지하게 검토되어야 한다는 주장들이 제기되고 있다.

남북한의 현실적 민족주의가 나아가야 할 방향에 관해 강만길 교수는 '통일 민족주의론'에서 다음과 같이 언급하고 있다.

"분단시대 50년을 통해 한반도 지역은 7천만 주민 전체의 평화로운 발전을 추구하는 '통일 민족주의'가 사실상 소멸되고 남북분단 국가들의 권위와 이익을 추구하는 '분단 국가주의'만이 강화되었다. 민족의 다른 한쪽에 대해 배타적이고 이기적인 '분단국가주의'가 아니라 7천만 한반도 주민

---

24) 이해영, "독일은 통일되지 않았다," 『독일통합 10년의 정치경제학』, 서울: 푸른 숲, 2000, p.8.
25) 신광영, "우리에게 '제3의 길'은 무엇인가," 『사회비평』, 1999년 여름호, p.192.

전체를 하나의 역사공동체, 문화공동체로 인식하고 그것을 바탕으로 민족의 평화적·호혜적·대등적 통일의 길을 열어 가는 이데올로기로서의 '통일 민족주의'를 회복해 나가는 것이 분단시대 역사인식의 최대 과제라 할 수 있다."

이에 대해 한호석은 다음과 같이 설파하고 있다.

"분단으로 깨어진 민족의 삶을 통일로 되살리려는 뜻을 제 가슴 속에 간직하고 있는 민족 성원이 있다면, 그 사람을 우리는 통일 민족주의자로 불러야 하리라. 조국의 자주적 평화통일을 지향하는 모든 담론들은 통일 민족주의라는 개념 안으로 포괄되고, 정립되어야 한다. 이러한 통일 민족주의를 사상적 지표로 받아들이지 아니고서는 이 시대를 참다운 의미에서 통일시대라 부를 수 없을 것이다. 이 시대에 통일 의지를 지닌 민족 성원들은 마땅히 통일 민족주의의 열렬한 신봉자, 힘 있는 전파자로 거듭나야 한다. 통일 시대의 민족 주의자는 조국통일 과업을 당위가 아니라 현실로 받아들여야 하며, 의무가 아니라 영예로 받아들여야 한다."[26)
"남(한국)의 자본주의와 북(조선)의 사회주의가 공존·공영할 수 있는 통일시대의 새로운 역사적 공간은 통일 민족주의가 만들어내는 새로운 역사공간이 아니면 창조할 수 없기 때문이다. 통일 민족주의란 남의 자본주의나 북의 사회주의가 모두 배척·부정할 수 없고, 그렇게 해서는 안 되는 공존·공영의 민족 장래를 밝혀줄 유일무이한 이념적 근거가 되기 때문이다. 남과 북 가운데서 어느 한 쪽이 다른 한 쪽을 부정·파괴하는 흡수 통합, 또는 흡수 통합의 시도 때문에 몰려올지도 모르는 공멸·공망이 아니라, 남과 북이 통일된 한 민족국가를 이루기 위한 공존·공영의 틀을 마련하려 한다면, 거기에는 반드시 민족적 자기 확인이 전제되어야 할 것이니, 이러한 자기 확인은 통일 민족주의가 아니고서는 다른 데서 찾을 길이 없다."

---

26) 한호석, "통일시대 민족문제와 통일 민족주의," *Smallnews*, 2004년 10월 23일자.

역사적으로 민족주의는 분명 '불우한 이념'이 아닐 수가 없었다. 어떤 때는 좌·우 세력으로부터 모두 배척을 받기도 하고, 어떤 때는 좌·우 세력이 제각기 이용하기도 했다는 경험에서 빛바랜 이념으로 평가받기도 한다. 이런 이유로 민족주의는 역사적으로 자본주의 체제와 결합할 수 있었고, 사회주의 체제와 결합할 수 있었던 이념이었다.

그리고 '민족'이라는 실체와 '통일'이라는 과업의 상호연관성에 대한 인식은 죽산 조봉암의 논리에서, 즉

> "계급사상적 이론으로는 어느 일정한 주의만이 민족 전체의 이익을 대표하는 듯이 말합니다만, 민족이 통일되고 국토가 통일되어야 하는 현 단계의 민족적 과제를 해결하는 데 있어서는 어느 일정한 계급의 이익이 아니라 민족 전체의 이익을 본위로 해야 하는 만큼 민족 전체의 의사가 존중되어야 하며 그것이 존중되자면 민주주의의 방법이라야 될 것이고, 민주주의적 방법은 민주주의 원칙에 입각해야 실천할 수 있을 것은 더 말할 것도 없는 일입니다."[27]

라고 주장한 위의 인용문에서 명료하게 드러나고 있다.

한편, 김영호는 통일과정에서 혹은 통일 이후 우리 민족이 당면할 문제들을 직시하고 있으며, 이에 관해

> "통일국가 건설 이후 이 국가의 생존과 지속적인 발전을 도모해나가는 일은 통일 이전에 분단을 관리하고 극복해 나가는 것만큼이나 어렵고 힘든 과정이 될 것이다. 따라서 우리 민족은 자신의 존엄성을 인정받기 위하여 생사를 건 투쟁의

---

27) 『신태양』, 1957년 4월호에서 나눈 죽산의 대담 중에서. 한호석, 앞의 글 재인용.

전개하는 헤겔의 최초의 인간과 같이 통일 이후에 생겨날 여러 문제들을 해결해 나가야 할 과제에 직면할 것이라는 점에서 활력을 상실하고 단조로운 일상에 빠질 여유가 없을 것이다. 우리 민족은 북한의 세습체제가 붕괴할 경우 북한 지역의 경제적 재건을 위해 노력해야 할 뿐만 아니라 통일국가 건설과정을 전후하여 생겨날지도 모르는 주변 강대국의 이해관계를 조정하기 위해 분단현실에서 생존과 번영을 추구했던 것만큼이나 혼신의 힘을 쏟아야 할 것이다."28)

라고 지적하고 있다. 통일이 중대한 민족사의 과제임에도 불구하고, 우리 민족사의 종착점인 아닌 새로운 출발점이 됨을 의미하는 것이다. 통일만큼이나 더 중요한 논의는 통일 이후 민족의 운명을 개척할 수 있는 지혜를 모아나가는 노력이다.

민족주의와 통일의 상관성에 대해 진덕규 교수 역시

"한국 사회에서의 민족주의는 점차로 전체 민족의 민족주의라는 구체적인 성격을 보여줌으로써 더 이상 특정 계급이나 계층을 중심으로 하는 정치나 권력구조를 정당화하는 데 민족주의를 이용할 수 없으며, 민족주의야말로 한국 사회에서는 분단된 민족의 통합에 의해서만 그 본래의 기능이나 의미가 실현된다는 것을 말해준다."29)

라고 함으로써, 민족주의가 의미의 순수성과 그 기능을 회복함이 중요하다는 인식과 나아가 통일을 통하여 역으로 민족주의가 참 의미를 발휘할 수 있음을 강조하고 있다.

---

28) 김영호, 『통일한국의 패러다임』, 서울: 풀빛, 1999, p.171.
29) 진덕규, "현대 한국 민족주의 인식의 편차성에 대하여: 민족과 민족주의를 보는 남북한의 시각," 『한국 민족주의와 통일』(한국국민윤리학회 세미나 자료집), 1992.7, p.156.

우리는 배타적 민족주의(xenophobic nationalism), 자민족 중심주의가 지닌 위험성을 역사를 통하여 잘 알고 있다. 이는 체제를 맹신적 혹은 단일적으로 이데올로기화하는 위험성을 보였고, 동시에 정치적 동원(political mobilization)의 수단으로 전락하는 경우를 보았다. 따라서 새로운 시대가 요구하는 한국의 민족주의는 분단, 민족 내부의 모순과 부조리(집단이기주의, 지역주의, 계층적 갈등, 이념적 대립 등)를 치유해 나가는 건강한 역사적 동력이 되어야 한다. 동시에 새로운 민족주의는 세계 평화와 인류 공존이라는 보편적 가치와 민족국가의 이상을 조화할 수 있는 민족적 가치를 함께 추구하여야 한다.

독일 통일을 제도개혁의 기회로 활용할 수 있는 기회를 놓쳐버렸다는 독일 지식인들의 한탄을 되풀이해서는 안 된다. 그리고 독일 통일의 교훈은 경제적·정치적 통합이라는 '외적 통합'보다 심리적·정서적·문화적 통합이라는 '내적 통합'이 훨씬 어렵다는 점에 있다. 즉 통일은 단순한 '제도'나 '체제'의 문제이기에 앞서, '인간'과 '정신'의 문제라는 지적은 참으로 타당한 것이다.[30] 통일 문제에 관한 인식의 전환을 강조하고 있는 다음의 인용은

> "정치인들은 통일의 전과정을 무엇보다도 조직의 문제로 이해했다. 그들은 경제를 어떻게 해야 할지는 알았지만 인간을 어떻게 해야 할지는 몰랐다. 그들은 두 개의 정서가 통일될 수 없다는 것을 몰랐다. … 한마디로 말하면, 통일은 정

---

30) 김누리, 앞의 글, p.367.

치에 의해 조직과 돈의 문제로 수행되었고, 이 문제가 논의
를 압도한 결과 정신적인 문제들은 전혀 언급되지 못했다."[31]

라고 함으로써, 독일 통일과정에서 나타난 문제점을 직시하고
있다. 이는 우리 사회의 지도자들이 깊이 인식해야 할 중요한
의미를 함축하고 있다.

통일이 제도의 통합이기에 앞서 인간의 융합이라면 통일의
과정은 멀고도 지난할 수밖에 없다. 남한 사람은 북한 사람에
대해 또 북한 사람은 남한 사람에 대해 열린 마음으로 상대방
의 지난 삶을 이해하고 존중하는 자세를 가져야 한다. 두 사
회에서 자라나온 고유한 가치들을 상호 인정하고 슬기롭게 조
화시키는 관용의 자세가 절실하게 필요하다. 따라서 제도적
통일에 앞서, 이를 위한 내적 반성이 절대로 요구된다. 만약
이러한 노력이 부족하다면, 통일은 새로운 '내적 분단'을 야기
할 수 있음은 자명하며, 이것은 우리가 원하는 통일이 아니다.

민족은 우리에게 매우 소중하고 중요한 개념인 동시에 우리
를 위태롭게 할 수 있는 이중성을 지닌 개념이다. 따라서 이
시점에서 요구되는 것은 민족을 절대시하면서 통일의 당위성
만을 부르짖는 낭만적 민족주의가 아니라, 민족통일의 '사회
적' 내용을 냉철히 검토하는 '성찰적' 민족주의를 주장한다.
나아가

"남한의 진보적 지식인들은 통일논의의 깊이와 폭을 넓혀야

---

31) 김누리, 앞의 글, p.367 재인용.

한다. 통일한국이 이루어야 할 바람직한 사회의 성격과 내용에 대한 성찰로까지 논의가 깊어져야 하며, 남한 사회의 정상성을 회복하기 위한 방안과 실천에 대한 모색까지 논의의 폭이 넓어져야 한다."[32]

라고 주장한다. 결국 민족주의 논의는 통일문제에 관한 사색思索의 장場을 확대시키는 지평地坪을 제공해준다는 점에 있어서, 그 위험성에도 불구하고 여전히 중요한 의미를 지닌다 할 것이다.

분명 한국인에게는 세계 어느 민족도 가지지 못한 민족주의 정서가 존재하고 있다. 이러한 민족주의에 기반을 둔 동포의식, 동족의식 회복에 남북한의 관심이 집중되어야 한다. 그러나 남북 분단극복의 문제는 여전히 국제관계에 많은 영향을 받을 수밖에 없는 현실적인 문제이며, 또한 지난 분단 시기 더욱 상이한 체제를 유지하면서 이질화된 사상적·역사적 인식 틀이라는 부분들을 민족의식으로 어떻게 승화해 나가야 할지에 대해서는 여전히 과제로 남는다.

20세기 후반, 냉전체제가 와해되고 정보통신의 혁명, 장벽이 없는 세계 무역구조의 성립, 자본의 자유로운 이동 등 지구화의 열풍은 한국에도 '세계화론자들'을 양산시켰다.[33] 각 방면에서 민족주의는 비판되고 세계화가 강조되고 있다. 심지어 전·현직 대통령의 시정방침에서조차 '폐쇄적인 민족주의'

---

32) 김누리, 앞의 글, pp.370-371.
33) 박찬승, "한국의 역사학은 민족주의를 버려야 할 것인가?"(한국사학사학회 제1회 발표문), 1999.5.8.

와 '보편적인 세계주의'가 대비되면서 세계화의 길만이 생존을 약속하는 것처럼 강조되고 있다.

세계화가 진행되면서 경제·사회·문화 등 각 방면의 울타리는 제거되고, 정보의 창출·독점자가 종래의 국경을 거침없이 드나들 수 있었다. 지금 추진되고 있는 세계화는 개성 총화로서의 세계화가 아니라, 다원사회를 일원화하는 의미의 세계화다. 또 현시점에서의 세계화란 미국의 자본과 미국적 가치관을 보편화하려는 것으로 느껴진다. 이럴 때 개성에 바탕을 둔 민족주의는 발붙일 곳을 찾기 어렵게 되었다. 민족주의는 이와 같은 '공격적 세계화에 어떻게 대응해야 할 것인가?'의 과제를 안고 있다.

민족주의는 다원성과 개성을 파괴하려는 세계화에 대응적인 조치를 강구해야 한다. 이는 비단 제3세계를 위해서만이 아니라 소위 선진국들을 위해서도 필요한 것이다. 각 국가, 각 민족이 갖고 있는 개성을 인정하고 그것을 가꿀 때 세계가 더 풍요하게 될 것이기 때문이다. 안창호나 김구가 「꽃밭론」을 주장한 것은 우연의 일치가 아니다. 화단이 형형색색의 꽃으로 꾸며졌을 때 더 아름다운 것처럼, 세계도 각 민족이 자기의 개성을 가지고 세계사에 적극적으로 참여할 때 세계사는 창조적으로 발전될 수 있을 것이다. 민족주의는 아직도 세계사에 참여하는 개성 있는 민족을 다듬기 위한 역할을 감당해야 한다.[34] 이러한 점에서 이만열 교수는

---

34) 이만열, "민족주의,"『한국사 시민강좌』, 제25집, 1999.

"민족주의는, 비판자들에게 공격의 빌미를 제공했던 것처럼, 폐쇄적 혹은 침략적이거나 국제적 협력과 교류를 거부하는 이론적 근거처럼 되어서는 안 된다. 국제교류에 적극적으로 나서되 민족적인 것을 우선적인 매개체로 삼아야 한다. 민족주의는 자기 존재를 귀하게 여기는 것처럼 다른 민족의 존재도 귀하게 인정해야 한다. 거기서 민족주의는 공생共生 이념의 바탕이 될 수 있다. 그런 민족주의가 '열린 민족주의'다. '열린 민족주의', 그것이 바로 미래의 한국 민족주의가 추구해야 할 방향이다."35)

라고 함으로써, 공존과 공생의 이념으로서의 민족주의를 갈망하고 있다.

민족주의는 그 이념 자체만 논의되는 경우가 극히 드물다. 앞에서 지적한 바와 같이, 민족주의는 다른 이데올로기들과 결합, 천의 얼굴을 갖는다. 민족주의가 외형적으로 동태화될 때 이를 민족주의운동이라 하는데, 따라서 민족주의는 그 속에 이념과 운동을 동시에 포용하고 있다는 것이다, 따라서 격렬한 운동성을 지니는 민족주의는 이데올로기인 동시에 사회변동을 주도하는 정치·사회운동인데, "그러므로 민족주의를 포괄적으로 파악하기 위해서는 사상사적 관점뿐만 아니라 운동사적 관점이 아울러 요구된다."는 것이다.36) 여기서 민족주의를 정확하게 이해하는 방법은 그것이 외부로 표출될 때, 동태화되는 운동과 함께 고찰되어야 한다는 것이다. 이 글이 한국의 민족주의를 민족주의 운동과 함께 이해하려고 시도한 이

---

35) 같은 글.
36) 임지현, 『민족주의는 반역이다』, 서울: 소나무, 1999, p.24.

유가 여기에 있다.

이상의 논의를 바탕으로 필자는 우리가 형성해야 할 바람직한 민족주의는 문화, 정신, 정체성을 바탕으로 민족의 생존과 번영을 위한 단합의지, 분열된 정신의 회복, 우리 문화에 대한 반성의 논리 그리고 세계화·정보화라는 새로운 기회에 적극적으로 대처하고 미래에 대한 비전을 개념적 내용으로 하는 '문화 민족주의', '한민족주의'로 명명하고자 한다. '문화'라는 말의 의미에는 정신·정체성을, 그리고 '한韓'이라는 말 가운데에는 이미 문화·정신·정체성의 개념을 담고 있기 때문이다. 이를 '운동으로서의 문화 민족주의, 한민족주의로 나아갈 수 있는 발전적 구상과 시도에 대한 지혜 모음이 진정으로 필요한 시대에 우리는 살고 있지 않은가?'라는 물음으로 사색의 여백을 남겨두기로 한다.

V. 결론

'동상이몽同床異夢', '존이구동存異求同'이란 말은 통일과 관련하여 남북한의 현실을 되새길 수 있게 하는 용어임이 분명하다. 새로운 지혜로 '진정한 하나 되기'를 모색하는 논의는 그 가치에도 불구하고, 참으로 힘든 과정이다. 특히 한국에서의 민족담론, 통일담론은 더욱 그렇다. 남북한에 공히 존재하는 이분법적이며, 적대적·냉전적 사유의 체질화는 민족담론을 더욱 힘들게 한다. '하나'의 이념과 체제의 고집과 집착에서 벗어나 대승적 차원에서 민족이 화합하고 나아갈 수 있는 '제3의 길'에 대한 사유의 확대만이 그 해결책이 될 수 있을 것이다. 따라서 통일방안에 대한 논의는 현실적으로 남북한 공히 생산적인 것이 될 수 없는 문제임을 염두에 두어야 한다.

신복룡 교수는 한국 민족주의를 회고하면서 미래를 전망할 때 가장 절실한 숙제로 남는 것은 지도층이 얼마만큼 진정한 민족의식으로 무장하는가 하는 점을 지적하고 있다. 그것은 민족주의가 기본적으로 지도자 또는 그 시대 식자들의 의지와 경륜에 따라 점화된다는 성격에 그 원인이 있다. 이는 통일과정이 결국 정치지도자들 간의 역할에 의해 결정될 수밖에 없는 성격에 기인한다. 따라서 현대 한국 민족주의의 목표가 분단의 극복이었든, 계층적 갈등의 극복이었든, 아니면 경제적 부강이었든 간에, 그 과제는 지배계급의 도덕성과 개혁 의지, 그리고 민족의식의 강도에 달려있다는 점을 고려할 때, 한국 민족주의의 과제는 '아래로부터의' 혁명이 아니라 '위로부터의' 혁명이어야 할 것이다. 그것은 당위성(Sollen)의 문제가 아니라, 가진 자가 결정할 수밖에 없는 존재(Sein)의 문제인 것이다.[37]

민족분단과 통일은 우리 민족이 외적 요인들에 의해 전통적 가치관과 민족정체성이 파괴되었다는 것(분단)과 그 파괴된 가치관과 정체성을 새롭게 회복하는 것(통일)을 의미한다. 따

---

[37] 신복룡, 『한국 정치사상사』, p.214.

라서 통일은 목적이 아니라 수단이 되어야 하며, 참다운 역사의 진보를 위한 과정이다. 그리고 참다운 진보란 감성의 시대에서 이성의 시대로 되돌아가는 것이다.

결국 지금 우리 시대에 절실히 요구되는 것은 민족의 미래와 민족구성원들의 행복을 위한 모두의 자성이다. 특히 '위로부터의 혁명'을 통해 '가진 자들'(the haves)이 양보하고, 지식인들이 자성하며 민족의 현실에 대한 고뇌를 통해 미래에의 비전을 제시할 때, 우리는 통일, 통합 그리고 행복으로 나아갈 수 있다.

참고문헌

김누리, "독일 통일과 지식인," 『역사비평』 2001년 봄호, pp.337-375.

김동성, 『한국 민족주의 연구』, 서울: 오름, 1995.

김영호, 『통일한국의 패러다임』, 서울: 풀빛, 1999.

권혁범, "통일 담론의 정치학: 민족주의, 차이의 담론, 인권"(한신대학교 주최 학술회의 발표논문), 2000년 11월 13~15일.

박호성, 『21세기 한국의 시대정신』, 서울: 토지, 2000.

방기중, "통일 문제와 한국 사학의 과제," 『통일과 역사교육』(제41회 전국역사학대회 논문집), 1998년 5월.

신광영, "우리에게 '제3의 길'은 무엇인가," 『사회비평』 1999년 여름호.

신복룡, 『한국 정치사상사』, 서울: 나남, 1997.

_____, 『한국 정치사』, 서울: 박영사, 1997.

_____, "통일 이념으로서의 한국 민족주의," 『한국 민족주의와 통일』(한국국민윤리학회 세미나 자료집), 1992.7.

송건호 · 강만길 편, 『한국 민족주의론』, 서울: 창작과 비평사, 1982.

이만열, "민족주의," 『한국사 시민강좌』 제25집, 1999.

이헌근, 『북한의 이해와 한민족 통합』, 부산: 신지서원, 2000.

이해영, "독일은 통일되지 않았다," 『독일 통합 10년의 정치경제학』, 서울: 푸른 숲, 2000.

이홍구 · 김학준 · 안병준 · 진덕규 · 이상우 공저, 『분단과 통일 그리고 민족주의』, 서울: 박영사, 1989.

유광진, 『한국의 민족주의와 통일』, 서울: 범학사, 2001.

임지현, 『민족주의는 반역이다』, 서울: 소나무, 1999.

진덕규, "현대 한국 민족주의 인식의 편차성에 대하여: 민족과 민족주의를 보는 남북한의 시각," 『한국 민족주의와 통일』(한국국민윤리학회 세미나 자료집), 1992.7.

차기벽, 『민족주의 원론』, 서울: 한길사, 1990.

최봉윤, 『민족통일운동사』, 서울: 한백사, 1988.

프리데만 슈피커 · 임정택 공편, 『논쟁: 독일 통일의 과정과 결과』, 서

울: 창작과 비평사, 1991.

한호석, "통일시대 민족문제와 통일 민족주의," *Smallnews*, 2004년 10월 23일자.

황병덕, "통일조국의 이념," 구영록·임용순 공편, 『한국의 통일정책』, 서울: 나남, 1995.

'제3의 길': 스웨덴 모델과 한민족 통합

Ⅰ. 서론

우리는 흔히 스웨덴을 복지국가의 전형으로 간주하곤 한다. 유럽 북쪽 스칸디나비아 반도에 위치한 인구 900만 명이 채 안 되는 소국小國임에도 불구하고, 1930년대 이래 '중간의 길'(middle way)이라는 독특한 경제정책과 복지정책으로 많은 이들의 관심을 끌어왔다. 사회민주당(SAP)에 의한 장기집권, 재분배정책을 통한 적극적 복지국가, '스웨덴 모델'로 평가받는 노사관계와 산업평화, 남녀평등을 지향하는 사회, 환경정책에 모범적인 국가, 인권의 문제에 앞장서는 국가 등의 특성으로 인해 스웨덴은 분명 세인의 이목을 끌기에 충분한 국가다. 필자가 스웨덴에 대해 학문적 관심을 가진 것도 바로 이런 점 때문이다. 이는 한민족이 분단과 갈등을 승화하고, 나아가 평등과 인권에 가치를 둔 '인간의 얼굴을 지닌 새로운 체제'(the new system with human face)로 나아갈 수 있으리라는 희망의 단초를 스웨덴의 역사적 경험에서 찾고 싶었기 때문이다. 좌·우를 초월한 새로운 이념 모형의 발견, 혼돈의 세기를 뛰

어 넘을 수 있는 희망의 창출, 우리 사회에 팽배한 상대적 박
탈감이 공동체 의식으로 발전하여 우리 민족이 21세기의 진정
한 승자가 될 수 있는 대안을 모색하고 싶었기 때문이다.[1]

1989년 이후 본격화된 세계사적 전환의 시기에, 소비에트
연방 붕괴 이전에 고르바초프(Mikhail Gorbachev) 역시 스웨
덴 모델에 깊은 관심을 표명한 바 있다. 그는 자본주의와 사
회주의의 혼합체제(mixed system)로서의 스웨덴 모델에 대한
검토 가능성을 언급한 적이 있었다. 그리고 공교롭게도, 김정
일 정권 등장 이후 북한 역시 몇 차례에 걸쳐 '스웨덴 모
델'(Swedish model)에 대한 관심을 표명한 바 있다. 이는 북
한 체제의 변화, 특히 경제적 이행과 관련하여 북한이 새로운
사회 모델에 관심을 보이는 것인 동시에, 북한 체제의 위기감
을 읽을 수 있는 대목이기도 하다. 또한 우리 사회 일각에서
도 통일한국이 나아가야 할 체제 혹은 이념적 방향으로 스웨
덴식 사회민주주의 모델의 검토가능성이 제기되기도 한다. 정
치경제적 시각에서 볼 때 스웨덴은 '국가주도사회'(state-led
society)와 '혼합경제'(mixed economy), 자본주의와 사회주의
사이의 '제3의 길'(the third way)[2] 혹은 로빈 훗(Robin
Hood)의 나라(고도로 재분배적인 세금제도와 복지), 다수의
중산층으로 구성된 나라 등으로 특징짓기도 한다. 그리고 스

---

1) 이 부분은 필자의 저서 『제3의 길로서의 스웨덴 정치』, 부산: 부산대학교 출판부, 1999
   의 머리말에서 따옴.

2) '제3의 길' 논의가 20세기 말 유럽에서 활발히 전개되고 있다. 이에 대한 개념과 그 특
   성에 관해서는 이현근, 『현대 유럽의 정치: 그 이상과 현실』, 부산: 신지서원, 2000을 참
   조하시오.

웨덴 사회의 평등에 대한 국가적 강조는 중립국가(neutral country)라는 이점을 잘 활용한 면에서도 생각할 수 있다. 즉 전쟁이라는 것을 포함한 국가안보문제가 해결되었기 때문에 정부 정책의 우선순위가 국내적 관심뿐 아니라 정의(justice), 평등, 자유라는 탈물질적 가치들을 반영할 수 있었다. 그러나 단적으로 말하면, 스웨덴 모델이 현재의 남북에 적용할 수 있는 여건은 전혀 갖추어져 있지 않으며, 따라서 이에 대한 북한의 검토는 현실적으로 무의미한 것이라고 할 수 있다.

그럼에도 불구하고 스웨덴은 통일한국이 지향해야 할 가치들을 제도적으로 접목할 수 있는 가능성과 교훈을 동시에 제공할 수 있다는 점에서 여전히 매력적인 연구대상이 될 수 있다. 따라서 이 글에서 필자는 스웨덴 모델에 대한 전반적인 특성을 다음 장에서 간략히 언급한 후, 현재의 남북한에 적용이 어려운 이유를 몇 가지 점을 중심으로 지적하고자 한다. 그리고 이 글을 통해 스웨덴 모델이 일정 기간 통일 한국의 분열과 대립을 극복할 수 있는 '대안적 체제'(alternative system)로서의 역할 가능성을 비록 시론적 수준에서나마 논의해갈 것이다. 이는 통일을 준비하는 새로운 대안 모색이라는 점에서, 기존의 통일논의와 차별성을 가질 수 있다는 점에서 이 연구는 나름의 의미를 가질 것으로 생각한다. 그러나 이 연구의 주제가 전적으로 필자의 주관에 의존해야 하는 한계도 여전히 존재한다.

Ⅱ. 스웨덴 모델의 특성[3]

스웨덴은 안정된 민주주의, 산업평화와 경제의 효율성 추구라는 정치경제적 특성으로 인해 1930년대 이후 '하나의 모델 국가'로서 국제적 관심을 끌어왔다. 가난한 나라, 전형적인 농업국가이던 북유럽의 소국小國 스웨덴은 이웃 유럽 국가들에 비해 산업화의 출발이 늦었음에도 불구하고, 소위 '스웨덴 모델'(Svenska modellen)[4]로 불릴 만큼 1970년대 중반까지, 가까이는 1980년대 초기까지 정치·경제적으로 독특한 모습을 보여주었다. '스웨덴 모델'이라는 용어는 일반적으로 스웨덴 외부의 세계에서 사용해왔다. 스웨덴 사람들 스스로는 그들의 사회·경제정책이 다른 부류의 복지국가들과 근본적인 차이가 있는 '하나의 모델'이라 인식하고 있지 않다. 단지 그들에게 있어서 오늘날의 스웨덴 사회는 자기 나라 역사와 전통의 산물이며, 복지국가는 지난 몇 십년간 강력하고 우월적인 노동운동에 많은 영향을 받아온 것으로 인식하고 있다.

스웨덴 모델은 세계최고의 노조 조직률, 노동조합과 사회민주당의 협력관계, 40년 이상 계속된 사회민주당의 장기집권(1932~1976), 제도화된 계급 타협을 통해 이룩한 완전고용과 보편주의에 입각한 사회복지, 산업민주주의와 '임금노동자기금'의 도입, 독특한 사회주의 이념 등을 특성으로 평가를 받아

---

3) 이 부분에 대한 자세한 논의는 이헌근, 『제3의 길로서의 스웨덴 정치』 참조.
4) Rudolf Meidner, "The Rise and Fall of the Swedish Model," *Studies in Political Economy*, vol.39, Autumn 1992, pp.159-171.

왔다. 기본적으로 이러한 스웨덴 모델은 사회민주주의[5]와 노동운동 간의 상호작용에 의한 산물이다.

1980년대 이후 스웨덴 국내·외에서는 '스웨덴 모델은 끝났는가?'에 대한 논의가 활발히 진행되고 있다. '스웨덴 모델'이란 용어의 사용은 스웨덴 노동시장의 발전과 관련하여 1930년대에 비롯된 것으로 볼 수 있다. 이는 노사가 노동분쟁(labor disputes)과 국가간섭을 성공적으로 배제시키기 위한 노력의 산물이었다. 이후 이 용어는 스웨덴의 국내적 안정성과 사회복지제도 그리고 외교·안보정책과 같은 노동 이외의 영역에까지 확대되어 적용되었다. 이러한 주장과 관련하여 하데니우스(Stig Hadenius)는 이 모델이 계급차별과 노동시장에서의 성 차별의 완화, 교육기회의 보편성, 정치참여 증대와 같이 스웨덴 사회를 발전시켜온 긍정적인 측면이 있음을 지적하고 있다.[6]

메이드네르(Rudolf Meidner)는 1992년의 논문[7]에서 '스웨덴 모델'의 개념, 목표, 업적, 약점 등을 분석한 후, 이 모델의 재건을 위한 자신의 생각과 거대한 유럽 공동체의 일부로서

---

5) 사회민주주의(social democracy)와 민주사회주의(democratic socialism)의 구분은 그리 쉽지 않다. 그러나 이 글에서 전자는 후자를 성취하기 위한 과정의 일부로, 그리고 후자는 계급 없는 사회를 의미하는 최고의 사회주의 이상 실현으로 보고자 한다. 이는 1990년 사민당이 1990년 당 강령에 "평등·민주주의·연대의 지도원리(guiding principle)로서의 사회민주주의"를 규정하고 있는데 기인한 것이다. SAP, 1990년 당 강령, p.15. 특히 스웨덴 사민당은 민주사회주의라는 목표문화(goal culture)를 '인민의 집'(Folkhem)이라는 용어와 함께 사용하고 있다.

6) Stig Hadenius, *Swedish Politics During the 20th Century*, Stockholm: The Swedish Institute, 1990, pp.183-184.

7) Rudolf Meidner, *op.cit.*, pp.159-171.

스웨덴의 생존을 위한 기회를 모색하고 있다. 그는 스웨덴 모델의 개념을 다양하게 정의하고 있다. 우선 광의의 개념으로서의 스웨덴 모델은 1930년대 미국의 저널리스트 차일즈 (Marquis Childs)가 제기한 바와 같이, 두 체제의 장점을 결합하려는 스웨덴의 방식, 즉 자본주의와 사회주의; 사적 소유와 공공복지; 시장경제의 원리와 계획의 요소들의 결합이 그것이다. 차일즈에 있어 스웨덴은 현대사회에 내재하는 문제들을 합리적이고 인간적으로 해결하려는 '중간의 길'(middle way)을 걷고 있는 나라로 여겨졌던 것이다. 이 점 때문에 우리 사회의 일각에서 스웨덴에 관심을 갖기도 한다. 남북한의 상이한 두 체제를 조화할 수 있는 통일한국의 '제3의 길' 모형을 발견할 수 있으리라는 기대감 때문이리라. 일부 연구자들은 자본주의와 사회주의의 장점을 변증법적으로 조화할 수 있으리라는 기대감에서 스웨덴을 하나의 대안으로 제시하였다.

이에 비해 협의의 해석은 1938년 '쌀츠요바덴 협정'(Saltsjöbaden Agreement)으로 알려진 자본과 노동의 대타협에 초점을 둔다. 일반적으로 중앙임금협상이 스웨덴 모델의 가장 중요한 특징으로 인식되어왔으나, 1980년대에 와서 임금협상체계의 변화가 곧 이 모델의 종말을 나타내는 것으로 해석되기도 한다.

이러한 스웨덴 모델의 주요 목표는 스웨덴 복지국가 발전을 주도해온 노동운동의 전통적 선호들(priorities)을 반영한다. 완전고용과 평등은 이 모델이 추구하는 궁극적 목표들이다. 이 두 가지 목표는 노동운동사에 뿌리를 두어왔고, 또한 수많은 사민당의 강령과 선언문에서 입증되었다.

　노동과 자본의 타협 모델로서의 스웨덴 모델은 1930년대 '역사적 타협'에 의해 시작된 이후, 경제적 의미의 스웨덴 모델 형성에 있어서 주요 내용을 이룬다. 경제적 의미의 스웨덴 모델은 1950년대 '렌-메이드네르 모델'에서 시작되어, 1960년대 완전고용, 재분배정책, 적극적 노동시장정책, 연대임금정책 등에 의해 발전되어왔다. 이처럼 스웨덴 모델이라는 용어는 광범위한 내용들을 포함하고 있다. 따라서 이 개념의 사용은 이데올로기적 특성, 스웨덴의 특수한 합의문화(consensus culture), 동등한 노사관계, 경제운영정책상의 특성이라는 상호 연관성 속에서 찾을 수 있다.

　이상의 논의를 종합하면 스웨덴 모델은 스웨덴의 독특한 정치문화를 통한 '사회적 합의'의 산물이다. 그리고 이는 민주적이며 안정적인, 그리고 복지지향적인 방법을 통해 사회를 '보다 인간적인 공동체'[8]로 나아가려는 일련의 노력을 의미한다.

　통일을 서독의 '잘못된 자본주의'와 동독의 '잘못된 사회주의'를 변증법적으로 지양할 수 있는 기회로 보는 독일 지식인 그라스(Günter Grass)의 시각은 우리에게 타산지석이 될 것이다. 김누리는 독일 통일을 배타적 민족주의와 약탈적 자본주의의 결합으로 규정한 바 있고, 이는 우리에게도 적용될 수 있는 통일의 위험성이 아니겠는가?

---

8) 그들의 표현에 따르면, '건강한 사회'(strong society) 혹은 '인민의 집'(folkhem, people's home)을 의미하며, 스웨덴 사회민주당 강령에 의하면 이는 곧 사회주의로 나타난다.

"통일은 언제나 '재'통일이 아니라 새롭게 만들어가야 할 '신'통일을 의미한다. 그 말은 분단상태의 문제점과 갈등을 그대로 옮기는 것이 아니라, 그것을 지양하는 과정으로 통일을 이해해야 한다는 것이다. 남북한 간의 엄밀한 체제비교는 어느 한쪽의 절대적 우위를 어렵게 만든다. 과연 누가 북한 노동자의 권리가 남한 노동자의 그것에 미치지 못한다고 말할 수 있으며, 남한 시민의 권리가 북한 시민의 권리보다 못하다고 할 수 있을 것인가? 그런 의미에서 통일은 남한 자본주의를 혁신하고, 북한 사회주의를 개혁하는 기회이자 과정이라고 인식해야 한다."9)

결국 통일은 남북한 양 체제가 안고 있는 모순과 부조리를 동시에 치유하고 개혁하는 기회로 삼아야 한다는 인식이 그 토대가 되어야 한다. 따라서 새로운 통일은 남북의 권위주의적 자본주의와 권위주의적 사회주의를 극복하는 제3의 길을 찾는 과정10)인 동시에, 나아가 남북의 모순을 동시에 극복하는 사회적 이념으로서 민주적 사회주의 혹은 사회민주주의가 현실적 대안으로 진지하게 검토되어야 한다는 주장들이 제기되고 있다.

Ⅲ. 분단과 통일 그리고 스웨덴 모델의 적용 가능성

'어떤 방법으로 남북한 간의 갈등을 해소하고 화해와 통합

---

9) 이해영, "독일은 통일되지 않았다," 『독일 통합 10년의 정치경제학』, 서울: 푸른 숲, 2000, p.8.
10) 신광영, "우리에게 '제3의 길'은 무엇인가?," 『사회비평』, 1999년 여름호, p.192.

으로 이끌 것인가?'라는 물음을 제기하면서 우성대 교수는 다음과 같이 언급한다. 즉 남북한의 갈등을 야기하는 이념적 정체성의 상충과 이익의 상충이 서로 밀접히 연관되어 있기 때문에 양자를 동시에 풀어 나가는 방법이 가장 이상적이라 할 수 있다.[11]

첫째로, 남북한 간의 이질적인 두 이념과 체제를 포용할 수 있는 '제3의 대안'이 존재한다면, 그리고 서로의 체제개혁을 통해 이데올로기적 체제의 상용성(compatibility)이 증대한다면 그만큼 쌍방 간의 화해 가능성 및 통합 가능성이 증대할 것이다. 아니 그 이전에 서로의 체제를 상대화하고 체제적 관용성만 지닐 수 있다면, 그리하여 이데올로기적 정체성에 대한 위협이 감소하기만 해도 화해로의 물꼬는 트일 수 있을 것이다.

둘째로, 만약 남북한 간에 이익의 상충성으로 인한 갈등을 해결할 수 있는 기제가 마련될 수 있다면, 그리고 이를 통해 상호간에 '이익의 상보성'(interest complementarity)이 증대된다면 그만큼 쌍방 간의 화해 가능성 및 통합 가능성은 증대될 것이다.

한편, 이데올로기 정체성의 상충으로 인한 장기적 갈등의 해결기제로서 우성대 교수는 수렴이론과 민족주의, 그리고 사회민주주의를 제시하고 있다. 즉 체제통합이론으로서의 수렴

---

11) 우성대, "남북한 갈등해결 메커니즘," 『21세기의 남북한 정치』(심계 이상민 교수 정년 기념논문집), 서울: 한울아카데미, 2000, 457.

이론과 체제통합이념으로서의 사회민주주의와 민족주의이다. 그리고 이익의 상충으로 인한 장기적 갈등의 해결기제로 결사체모델을 제시하고 있다. 즉 사회적 코프라티즘, 협의민주주의, 신연방주의기제를 통해 적대적인 두 집단 간의 정치적·경제적·군사안보적 갈등을 함께 이기는 방식으로 조정해 나가자고 주장한다.

민족주의는 공통의 고유한 문화를 갖고 존재하는 "비교적 큰 규모를 지닌 자의식 공동체로서의 민족집단이 민족자결의 원칙에 입각하여 대외적 독립과 대내적 통일, 그리고 민족집단의 발전을 지향하는 신념체계 및 그 운동"이라 정의할 수 있다. 결국 민족주의는 독립과 자립의 이데올로기요, 통합과 통일의 이데올로기이며, 동시에 민족적 발전의 이데올로기인 것이다.

"우리의 민족주의와 함께 그 민족주의 이념과 접합되는 체제 이데올로기에 주목해야 한다. 남북한의 양 체제가 각각 체제개혁을 통해 체제적 친화력을 증대시킨다면 체제적 이질성으로 인한 분열성은 상당 부분 완화될 수 있을 것이며, 이에 비례하여 그만큼 민족적 통합력은 큰 힘을 발휘할 수 있을 것이다. 물론 남북 양측의 체제를 변증법적으로 종합한 '제3의 체제'가 존재하며 남북 양측이 모두 체제개혁을 통해 이 제3의 체제로 수렴한다면 민족주의의 통합력은 극대화될 수 있을 것이며, 이 민족적 통합력을 토대로 민족의 염원인 통일민족국가를 수립할 수 있을 것이다. 그러면 실제로 남북한 양 체제의 장점만을 종합한 제3의 체제는 현실속에 존재하는가? 필자는 존재한다고 생각하는데 그것은 바로 스웨덴의 사회민주주의 체제이다. 따라서 필자는 스칸디

나비아의 스웨덴에서 꽃피워온 사회민주주의가 남북한의 체제통합이념이 되어야 한다고 생각한다. … 한국의 민족주의가 스웨덴식의 사회민주주의이념과 결합한다면 남북한의 이념적 상극성으로 인한 체제적 원심력을 제어함으로써 정치통합을 위한 민족적 구심력을 확보할 수 있을 것이다. 그러면 민족주의의 극대화된 통합력을 토대로 남북한 간의 평화적인 정치통합이 실현될 수 있을 것이다. … 우리는 평화적 통일을 위해 우선 스웨덴식 사회민주주의 이념을 한국적으로 수용하기 위해 노력을 경주해야 한다. 그런데 사회민주주의적 복지국가이념을 한국적 현실에 수용하고 이를 토대로 남북한 간의 체제통합을 모색함에 있어 염두에 두어야 할 것은, 다행스럽게도 그러한 통합적 요소12)가 한국 민중의 정치문화와 정치운동의 근저에 깊숙이 자리를 잡아왔다는 사실이다."13)

필자는 비교적 긴 문장을 인용하였다. 이는 스웨덴 모델, 즉 스웨덴식 사회민주주의 이념의 한국적 수용에 대한 현실적 문제를 논의하기 위함이다. 스웨덴 사회민주주의 이념의 한국적 수용의 필요성에 대한 위 인용문의 낙관성은 다음과 같은 문제들을 고려해야 한다.

첫째, 스웨덴의 사회민주주의는 독특한 스웨덴 정치문화, 즉 노동운동과 사회주의운동 간의 '역사적 타협'의 산물이다. 스웨덴은 가톨릭이라는 종교의 사회적 역할과 일체감, 자립적

---

12) 우성대 교수는 본래 한국의 전통사상은 양 극단을 배제하는 '조화'(調和)와 '중도'(中道)를 그 핵심으로 언급하고 있다. 그 예로써, 홍익인간을 표방하는 단군사상, 선교(仙敎)의 포일수중(抱 守中), 불교의 원융회통(圓融會通)과 허무(虛無)의 중도사상, 유교의 중용(中庸)사상과 음양조화(陰陽調和)사상 등을 지적하고 있다. 이와 같은 조화와 중도의 이념은 면면이 이어져 일제강점기의 신간회운동, 조소앙의 삼균주의(三均主義), 해방정국에서의 건준(建準)과 좌우합작운동으로 나타났다고 주장한다. 같은 글, p.471.

13) 같은 글, pp.469-471.

인 농민의 존재, 산업화 과정에서 노사 간의 합의와 정부 간섭의 배제 노력이 있었으며, 이를 통해 '점진적 사회주의'라는 목표의 수용이 가능하였다.

둘째, '남북한의 체제이념이 스웨덴식의 '제3의 체제'로 수렴이 가능한가?'라는 인식상의 문제점을 지적하고자 한다. 남북한의 이질적인 두 체제와 정치권력 구조, 그리고 정치권력층의 속성으로 볼 때 이에 대한 가능성은 전무하다고 여긴다.

셋째, 현재 한국의 정치문화와 정치운동에 대한 냉철한 고찰이 필요하다. 남북한은 여전히 비민주적인 정치체제를 운영하고 있다. 그리고 통일에 대한 사회적 합의 도출은 더욱 어려운 현실이다. 이를 극복하기 위한 하나의 대안으로서의 민족주의는 그 이념 자체만이 논의되는 경우가 극히 드물다. 주지하다시피 민족주의는 다른 이데올로기들과 결합, 천의 얼굴을 갖는다. 민족주의가 외형적으로 동태화될 때 이를 민족주의 운동이라 하는데, 따라서 민족주의는 그 속에 이념과 운동을 동시에 포용하고 있다는 것이다, 따라서 격렬한 운동성을 지니는 민족주의는 이데올로기인 동시에 사회변동을 주도하는 정치·사회운동인데, "그러므로 민족주의를 포괄적으로 파악하기 위해서는 사상사적 관점뿐만 아니라 운동사적 관점이 아울러 요구된다."는 것이다.[14] 여기서 민족주의를 정확하게 이해하는 방법은 그것이 외부로 표출될 때, 동태화되는 운동과 함께 고찰되어야 한다는 것이다.

---

14) 임지현, 『민족주의는 반역이다』, 서울: 소나무, 1999, p.24.

필자는 다른 글에서 우리가 형성해야 할 바람직한 민족주의는 문화, 정신, 정체성을 바탕으로 민족의 생존과 번영을 위한 단합의지, 분열된 정신의 회복, 우리 문화에 대한 반성의 논리 그리고 세계화·정보화라는 새로운 기회에 적극적으로 대처하고 미래에 대한 비전을 개념적 내용으로 하는 '문화 민족주의', '한민족주의'로 명명한 바 있다. 이는 '문화'라는 말의 의미에는 정신·정체성을, 그리고 '한'韓이라는 말 가운데에는 이미 문화·정신·정체성의 개념을 담고 있기 때문이다.

민족주의와 통일의 개념적 상관성에 관해 황병덕은

> "통일의 기본 이념은 민족주의라고 할 수 있다. … 따라서 민족주의는 한반도에서 통일국가 수립을 위한 이념은 물론, 통일 후 민족국가가 지향하는 기본 이념이 되어야 한다. 그러나 통일조국의 이념적 좌표로서 민족주의는 자유, 복지, 인간의 존엄성 등으로 구성되어 있는 민족복리라는 보편적 가치를 추구하는 한편, 다른 민족과의 이해를 평화적 방법을 통해 합리적으로 조정해 나가는 국제주의를 지향하는 개방성을 지니고 있기 때문에 '열린 민족주의'라고 지칭할 수 있다."15)

라고 하여, '열린 민족주의'를 제시하고 있다.

분단극복과 통일과정에서 민족주의의 역할이 무엇보다 중요하다는 점에 대해 필자는 전적으로 동의한다. 그러나 그것은 민족주의가 이념에서 실천운동으로 진행될 때 효력을 발휘

---

15) 황병덕, "통일조국의 이념," 구영록·임용순 공편, 『한국의 통일정책』, 서울: 나남, 1995, p.310.

할 수 있다.16)

나아가 황병덕은 통일조국의 체제 이념은 정치적 민주주의를 기반으로 사회적 민주주의를 지향해야 한다. 그러나 이 체제 이념인 사회적 민주주의는 '국가중심적 사회적 민주주의'가 아니라 '사회중심적 사회적 민주주의'가 되어야 한다는 것을 제안하고 있다. 여기서 제시된 '사회중심적 사회적 민주주의'란 곧 '시민 민주주의' 내지 '참여 민주주의'의 개념을 내포하고 있는 것으로 보여진다. 이는 결국 사회민주주의라는 이념적 요소의 도입을 제기한 것이기도 하다. 그러나 '하나'의 이념과 체제의 고집과 집착에서 벗어나 대승적 차원에서 민족이 화합하고 나아갈 수 있는 '제3의 길'에 대한 사유의 확대만이 그 해결책이 될 수 있을 것이다.

Ⅳ. 결론: 한국형 '제3의 길'을 찾아서

스웨덴 모델은 그 특성이 자본주의와 사회주의라는 두 체제의 특성을 성공적으로 결합하여 운영해왔다는 점 때문에 '제3의 길'로 평가되곤 하였다. 즉 경제의 운영은 자본주의적으로, 사회의 목표는 사회주의적으로 나아가고 있다.

첫째, 스웨덴 모델은 다양한 이데올로기적 스펙트럼을 조화롭게 운영하고 있는 특성을 보인다. 그러나 우리 사회는 오랜

---

16) 민족주의와 통일, 한민족 통합과 관련된 자세한 논의는 이 책 제2장을 참조하시오.

분단과 냉전적 사유의 산물로 이데올로기에 관한 한 지나치게 경직화되어 있다. 이를 극복하기 위한 방편으로 이데올로기의 다양성을 인정하고, 이데올로기에 대한 강박관념에서 자유로 워질 수 있다는 발전적 측면에서 스웨덴은 우리에게 하나의 모델을 제공할 수 있다. 즉 스웨덴의 정당체계는 전통적으로 '좌'에서 '우'라는 이념적 스펙트럼에 따라 5개 정당이 의회에 서 생산적으로 경쟁하였다. 그러나 1980년대 초 녹색당과 신생 정당들이 의회 진입에 성공함으로써, 이후 7~8개의 정당으로 더욱 다원화되는 모습을 보이고 있다. 즉 통일 한국의 정당은 이념과 정책의 차별화로 인한 스펙트럼의 구조가 좌익당 내지 공산당, 사민당(민사당 내지 민주노동당), 자유당 내지 진보당, 보수당, 우익당의 형태로 나아갈 가능성이 있다. 그러나 통일 후 정당의 세력분포는 이념적 요인과 지역적 요인이 교차하는 가운데 나타날 것으로 예상되기 때문에 이념적 스펙트럼만을 기준으로 정당 간의 세력분포를 예상하는 것은 적절하지 않다.[17)]

둘째, 스웨덴 모델은 세금정책과 복지정책의 운영에 있어서 통일한국의 체제형성에 기여할 수 있다. 즉 남한의 자본이 북한의 노동을 보조 혹은 보충함이 불가피하고, 따라서 세금정책에 의한 복지의 제공(연금, 노동자의 재훈련 프로그램 등)은 스웨덴의 사회보장이 유익한 경험이 될 수 있다. 통일한국의

---

17) 박종철, "통일한국의 갈등과 정치·사회적 통합: 정치제도와 사회적 갈등해결 메커니즘," 『통일이후』, 2004년 여름호(통권 7호).

행복을 위해서 우선적으로 남한 사회에서 보편적 복지국가의 확대 필요성이 절실히 요구된다. 여기서 '보편적'이란 관대한 복지와 재분배적 요소의 강조로 볼 수 있다. 김대중 정부가 제시한 '생산적 복지'는 우리 사회의 현실로 볼 때 그 내용과 방식에 있어서 신자유주의적 요소가 강하다.

셋째, 공공부문의 확대와 누진적 세제개혁을 점차 늘려 나가야 한다. 복지국가는 공공부문의 확대를 가져오게 되며, 복지재정은 그 필요성에 대한 사회적 합의와 조세정의에 의해서 건전해질 수 있다.

넷째, 스웨덴 모델은 안보와 평화의 바탕 위에서만 존재할 수 있다. 스웨덴은 두 차례의 세계대전에도 불구하고 중립정책을 외교안보의 기본으로 삼아왔다.

마지막으로, 남녀평등과 인권의 보장에 대한 노력, 공공행정과 정부의 투명성 등이 요구된다. 이는 결국 스웨덴 모델이 가장 민주적인 사회에만 적용 가능하기 때문이다.

스웨덴 모델은 국가가 나아가야 할 방향과 목표에 대한 '사회적 합의'에 기초하여 안정된 민주주의를 통해 '건강한 사회'(strong society)를 건설하려는 노력이며, 그 목표는 자유와 평등이 조화된 새로운 '사회주의'이다. 이를 위해서 스웨덴은 복지국가 건설에 전념하고 있다. 복지국가는 미래를 위한 생산적 투자이며, 통일한국을 준비하고 통일 이후의 사회적 통합과 안정성을 확보하기 위한 기제(mechanism)이다. 복지국가의 확대는 사회의 분열과 갈등을 조화하는 사회통합의 기능과 함께 사회적 위기에 슬기롭게 대처하는 사회안전망(social safety net)으로서의 구실을 한다.

'제3의 길'에 대한 이상은 어느 시대에나 존재하였고, 미래의 인간사회에도 계속될 수밖에 없는 길이다. 따라서 현실적으로 우리 사회가 추구해야 할 '제3의 길'은 보편적 복지국가의 확대일 수밖에 없다. 자유와 평등의 조화, 인권과 생태에 대한 존중, 평화와 공동체에 대한 책임과 의무, 이것이 우리가 추구해야 할 '제3의 길'의 참 모습이 아니겠는가? 그러나 명칭은 녹색사민주의18)든, 사회민주주의 혹은 민주사회주의, 공동체 민주주의 등 그 무엇이어도 좋다.

관대한 보편적 복지국가 건설 노력은 한민족의 미래를 위한 투자다. 복지국가는 우리 사회에 내재된 분열을 조화롭게 하는 사회통합(social integration)의 기능을 하며, 통일 후 발생할 수 있는 새로운 사회위기를 극복하는 사회안전망으로서의 역할을 한다. 스웨덴은 몇 차례에 걸친 경제위기와 이로 인한 사회적 분열을, 그리고 핀란드는 1990년대 초 소련 붕괴로 인한 이념적·경제적 충격을 안정된 복지국가로 극복할 수 있었다.

일반적으로 스웨덴의 복지정책은 높은 조세수입, 합의적 노사관계를 통한 노동시장의 안정성, 복지 및 재분배정책에 대한 사회적 합의(social consensus), 일관성 있고 민주적인 정치 등을 바탕으로 국민들에게 관대하고 보편적인 복지서비스를 제공

---

18) 유팔무는 남한 내 민중운동과 시민운동의 연대를 통한 '녹색 사민주의'의 형성 혹은 세력화를 대안으로 제시하고 있다. 유팔무, "한국에서 제3의 길은 가능한가," 『역사비평』, 1999년 여름호.

하고 있다. 이처럼 스웨덴에서는 '가족친화적'(family-friendly)이면서도 '노동친화적'(work-friendly)인 사회보장을 통해 '건강한 사회'(strong society)라는 그들의 희망을 위한 노력이 계속되고 있다. 그럼에도 불구하고 스웨덴은 세계화와 정보화로 인한 국내외적 환경변화로 인하여 사회정책의 대전환을 시도하고 있다.19) 그렇지만 복지국가에 대한 기본적 인식 및 국민들의 지지는 여전하다. 결국 복지의 이념은 평등을 지향하는 사회에서 분리될 수 없는 것임을 알 수 있다.

그러나 현재의 남북한에는 이러한 여건이 전혀 조성되어 있지 못하다. 따라서 우리 사회에서부터 복지에 대한 인식의 공유를 바탕으로 미래에 대한 준비가 본격적으로 시작되어야만 한다. 이를 위해서, 우리 사회는 급진적인 과세의 강화보다 과세형평화 작업이 선행되어야 하며, 노동시장의 안정화와 노동운동의 민주화 노력, 시민사회의 확대 및 공고화 노력, 정당의 다원화와 민주화, 이념·정책정당의 등장 및 다양한 이념의 확산, 종교 간의 화해 등이 가능한 사회로 전환되어야 한다.

제3의 길은 모든 인간이 추구하는 이상향을 찾으려는 시대의 산물이며, 동시에 새로운 것을 찾으려는 인간의 변증법적 사유체계의 한 형태로 볼 수 있다. 이러한 측면에서 우리는 통일이라는 역사적 과업을 통하여, '인간의 얼굴을 한 새로운 체제'로 나아가기 위한 제3의 길 논의를 멈추어서는 안 된다.

---

19) 스웨덴의 사회정책 전환에 관한 자세한 논의는 이헌근, "세계화와 사회정책의 전환," 송호근 편, 『세계화와 복지국가: 사회정책의 대전환』, 서울: 나남, 2001 참조.

통일은 결국 '제3의 길'을 찾아가는 과정이다. 독일의 통일과정에서 그리고 통일독일에서 사회적 모순을 개혁할 기회를 놓쳐버렸다고 한탄하는 지식인들의 말을 깊이 되새겨야 한다. 이러한 노력은 피할 수 없는 우리 시대의 요구이자, 미래 세대에 대한 영원한 책임이다.

참고문헌

박종철, "통일한국의 갈등과 정치·사회적 통합: 정치제도와 사회적 갈
    등해결 메커니즘,"『통일이후』, 2004년 여름호(통권 7호).
이헌근, 『제3의 길로서의 스웨덴 정치』, 부산: 부산대학교 출판부,
    1999.
_____, 『현대 유럽의 정치: 그 이상과 현실』, 부산: 신지서원, 2000.
_____, 『북한의 이해와 한민족 통합』, 부산: 신지서원, 2000.
_____, "세계화와 스웨덴 사회정책의 전환," 송호근 편, 『세계화와 복
    지국가: 사회정책의 전환』, 서울: 나남, 2001.
임지현, 『민족주의는 반역이다』, 서울: 소나무, 1999.
우성대, "남북한 갈등해결 메커니즘,"『21세기의 남북한 정치』(심계 이
    상민 교수 정년기념논문집), 서울: 한울아카데미, 2000.
황병덕, "통일조국의 이념," 구영록·임용순 공편, 『한국의 통일정책』,
    서울: 나남, 1995.

한반도 지정학적 가치 극대화를
위한 북한의 정상국가화 방안:
통일과 남북경협 논의의 새로운
패러다임 모색을 중심으로

Ⅰ. 서론

2018년 4월 27일 판문점 남북정상회담 만찬이 끝나고, 이어진 '하나의 봄'이라는 주제의 환송 행사에서 서태지와 아이들의 가요 '발해를 꿈꾸며'가 울려 퍼지던 감격의 순간을 잊을 수 없다. 그 노래의 가사에는 한민족의 발원과 분단된 우리 민족이 극복하고, 지향해 나가야 할 길이 담겨있다.

> "진정 나에겐 단 한 가지 내가 소망하는 게 있어
> 갈려진 땅의 친구들을 언제쯤 볼 수가 있을까
> 망설일 시간에 우리를 잃어요
>
> 한 민족인 형제인 우리가 서로를 겨누고 있고
> 우리가 만든 큰 욕심에 내가 먼저 죽는걸
> 진정 너는 알고는 있나 …
>
> 언젠가 나의 작은 땅에 경계선이 사라지는 날
> 많은 사람이 마음속에 희망들을 가득 담겠지
> 난 지금 평화와 사랑을 바래요 …"

이날 양국 정상은 소위 판문점선언, 즉 '한반도의 평화와 번영, 통일을 위한 한반도 선언'에 공동 서명했다. 공동성명에서 양측은 "남과 북은 민족경제의 균형적 발전과 공동번영을 이룩하기 위해 10·4선언에서 합의된 사업들을 적극 추진해 나가며 1차적으로 동해선 및 경의선 철도와 도로들을 연결하고 현대화해 활용하기 위한 실천적 대책들을 취해나가기도 했다"고 밝혔다. 이후 문재인대통령의 평양방문, 싱가포르와 판문점에서의 북미정상회담 등 분단 이후 한반도 변화에 새로운 가능성이 열리고 있다.

연구는 기본적으로 분단, 북한 그리고 통일을 바라보는 우리의 시각이 보다 유연해져야 한다는, 즉 '사고의 패러다임 전환'의 필요성 제기에서 시작한다. 그리고 한반도를 둘러싼 모든 변화의 출발점은 북한이라는 점에 주목하고, 북한의 정상국가화라는 이슈에 논의의 중점을 두고자 한다. 김정은이 구상하는 정상국가화 시나리오는 무엇이며, 대한민국이 구상하는 남북의 미래 구상은 무엇인가? 문재인정부가 제시한 '한반도 신경제지도 구상'에 남북의 미래에 대한 내용들이 담겨지고 있다. 그러나 이 역시 북한의 정상국가화에서 비롯될 수 있고, 분단의 질곡에서 벗어나 한반도의 지정학적 가치와 위상을 높이는 출발점 역시 북한의 변화에서 시작될 수 있다는 점들이 논의될 것이다. 북한이 국제사회에서 정상국가가 되지 않는 한, 한반도의 지정학적 가치를 극대화하는 것은 불가능하다. 이는 역설적으로 북한이 정상국가로서 국제사회의 일원으로 살아갈 때, 대한민국과 한반도의 미래는 훨씬 밝아진다는 사실이다.

Ⅱ. 김정은정권의 정상국가화 구상

1. 통일과 남북관계 담론의 패러다임 전환

본 장에서는 21세기 4차산업혁명과 미중 사이에 진행되는 국가이익 극대화와 치열한 생존경쟁이라는 세계사적 변화를 직시하고, 이를 통해 우리의 현실과 미래를 바라보는 시각에도 새로운 패러다임의 전환이 요청된다는 인식에서 논의를 출발한다. 20세기와 달리 탈냉전과 민주화, 정보화와 세계화 그리고 21세기 인류가 공유해야 할 '위기의 시대'에 대한 막연한 두려움 역시 패러다임의 전환을 요구하는 조건들이다. 한반도를 둘러싼 국제적 환경변화, 한중일 관계 복원의 필요성 증대, 환경·식량·에너지 등 당면한 위기 해결을 위한 인류사회의 공조체제 형성의 절대적 필요성 등은 기본적으로 북한, 통일 그리고 동북아 화해와 공존 나아가 상생과 평화라는 가치 공유로 나아가게 하는 충분한 조건이 되고 있다. 무엇보다 북핵 문제를 둘러싼 국제적 논란은 단지 북한의 위기에 그치지 않음에 주목해야 한다. 오히려 이를 바탕으로 우리는 분단 극복과 통일, 동북아의 화해와 상생 나아가 평화라고 하는 새로운 가치 공유와 시스템 구축에 민족사의 전환 기회를 잡아야 한다.

1. 북한을 보는 시각

'북한을 어떻게 볼 것인가'라는 물음은 분단 이후 '오늘날의 북한을 어떻게 이해하고, 또 어떻게 접근할 것인가'라는 물음뿐만 아니라 '북한의 미래는 어떠할 것인가'라고 하는 문제까지 담을 수 있다. 나아가 '북한은 왜 붕괴하지 않는가, 그리고 붕괴해서 안 될 이유들은 무엇인가'라는 물음으로 자연스럽게 이어져간다. 근본적으로 북한을 보는 시각이 유연해질 때 우리의 사고도, 미래의 통일 과정 역시 당위의 편협적 사고에서 자유로워질 수 있을 것이다.

1990년대 구소련 및 동유럽사회주의 국가들의 해체 과정 즉 자유화 민주화 과정을 지켜보면서 북한의 붕괴 시나리오에 관한 연구들이 쏟아져 나온 적이 있었다. 그리고 최근 북한 지도자 김정일의 건강과 관련하여 또 다시 북한과 한반도 미래운명에 대한 논의가 관심사로 등장하게 되었다.

20세기 말부터 지금 이 순간까지 북한은 세계사의 큰 소용돌이 한 가운데 놓여 있다. 1980년대 후반 이후 세계사를 뒤흔든 사회주의권의 대변혁, 구체적으로는 동유럽의 자유화·민주화, 독일통일과 소연방의 해체, 북핵과 미사일문제로 인한 국제사회에서의 고립과 6자회담 등 체제위기와 경제위기로 생존의 기로에 놓여 있었다. 내부적으로는 김일성 사망 이후 본격화된 식량위기와 에너지난 등 심각한 경제위기를 고난의 행군으로 버텨왔고, 또한 두 차례에 걸친 남북정상회담과 개성공단·금강산관광 등을 통한 대남협력과 경제적 지원은 이러한 위기를 버티는 힘으로 작용하였다. 그리고 최근에는 시장경제의 도입으로 미미하지만 북한 주민들의 생존력과 생명력을 키우는 결과를 낳고 있다. 역설적이지만 시장화가 북한의 체제 유지에 기여하고 있다는 점에 주목할 필요가 있다[1]. 1990년대 중반 이후 경제난·식량난이 본격화되었고, 고난의 행군을 죽음으로 이겨내면서 북한은 어쩔 수 없이 시장경제의 메커니즘을 수용하게 되었다. 이제 북한 주민들은 위기에 대한 면역력과 동시에 생존력 혹은 적응력이 강화된 것으로 볼 수 있다. 2008년 현재 세계적인 식량가격 폭등 등 여전히 절대적으로 부족한 식량으로 북한 주민들이 버텨가고 있지만, 지난 세월과 같은 대규모 아사자의 발생은 면하고 있음도 이러한 점을 증명한다고 할 것이다.

북한은 한민족 평화와 번영을 위해 함께 가야 할 숙명적 동반자이다. 때로는 불편하고 야속한 관계이기도 하지만, 우리 모두의 행복을 위해 저버릴 수 없는 '한 몸'과 같은 존재다. 통일은 우리의 현실이자 미래에 관한 문제인 동시에, 민족 번영과 평화를 위한 희망의 문제이기도 하다. 그럼에도 우리사회에는 통일에 대한 담론이 점차 사라지고 있고, 시간이 흐를수록 그 관심은 더욱 낮아질 것이다. 통일문제에 무관심하거나 불필요하다고 생각하는 젊은 층, 북한의 붕괴가 통일을 앞당길 것이라고 생각하는 보수진영 혹은 기성세대들, 무조건

---

1) 임수호, 『계획과 시장의 공존: 북한의 경제개혁과 체제변화 전망』, 서울: 삼성경제연구소, 2007.

통일만이 살 길이라는 진보진영의 통일론자들, 소리는 없으나 실재로는 존재하는 어떤 경우든 통일을 원치 않는 기득권 세력과 반통일 세력들, 막연한 경제적·심리적 부담감으로 인한 통일 부담론자들인 대다수 시민들의 수가 점차 많아지고 있다. 따라서 막연한 통일에 대한 공포감, 부담감 그리고 통일의 가치와 가능성에 대한 무지함에서 오는 반대를 줄여나가고, 오히려 통일이 한민족의 희망과 가능성을 열어 나갈 수 있는 미래 공간이라는 인식 공유가 사회적으로 확산되어야 한다.

그런 의미에서 북한과 통일에 대한 담론이 확산되고 가치가 공유되는 사회적 현상은 바람직하다. 단 의도적인 노력에 의한 담론은 지양되고 자연스러운 논의들이 사회적으로 확산되고 공감대가 형성되어야 한다. 최근 북한선진화 논의, 북한경제개발 논의, 북한민주화와 인권논의[2] 등 다양한 논의들이 사회 일각에서 제기되고 있다. 냉전시기 이분법적이고 다소 흑백논리적인 이념·체제논쟁에서 일부 진일보한 것은 사실이지만, 현재로서는 특정한 잣대로 북한을 평가하고 때로는 인권논의 등으로 인한 자극이 오히려 역효과를 낼 수 있다. 그런 면에서 현재의 북한논의는 북한을 바라보는 시각의 확산, 열린 마음으로 북한을 수용할 수 있는지 우리 스스로를 돌아봄, 나아가 북한과 통일에 대한 우리 내부의 미래지향적이고 희망적인 가치 공감대 형성을 위한 사회적 합의가 선행되어야 한다. 불행스럽게도 우리 사회는 여전히 진보와 보수, 뉴라이트

---

2) 허만호, 『북한의 개혁 개방과 인권』, 서울: 명인문화사, 2008.

와 선진화 논의 등에만 치우쳐 우리가 당면한 가장 근본적인 문제에 대한 자유롭고도 진지한 담론의 분위기가 갖추어지지 못하고 있어 안타까운 형국이다.

따라서 우리에게는 지난 10여 년간의 북한의 변화를 새롭게 인식하고, 그 가능성과 한계를 성찰할 수 있는 안목이 요구된다. 북한이 중국처럼 경제적 성과를 거둘 수 없었던 이유는 다음과 같이 분석할 수 있다. 첫째, 지도자의 리더십 부재의 이유다. 지난 세월 북한과 중국은 폐쇄사회·명령·계획경제라는 공통점에도 불구하고 우물안 개구리 지도자(김정일)를 가진 점이 북한이 불행한 가장 큰 원인이라 할 수 있다. 둘째, 김일성이라고 하는 뛰어난 리더십 소유자의 역량에 의존했던 북한 사회의 무능과 신격화된 유일사상에 의한 마비현상을 들 수 있다. 요컨대 경제위기와 식량위기 속에서, 심지어 아사 직전의 상황에서도 지도자가 혹은 당에서 모든 것을 해결해 주리라 기대했던 북한 주민들의 무대응은 결국 대량의 아사자를 낳은 비극을 초래했다. 이는 북한이라고 하는 사회의 독특한 면을 설명하는 적절한 예가 될 수 있다. 셋째, 유일체제와 명령경제에 물든 북한 주민의 자주적 사고와 행동 능력 부재를 경제 실패의 원인으로 지적할 수 있다. 마지막으로 북한의 국제적 고립이 경제위기의 원인 가운데 하나이다. 북한 지도부는 미사일과 핵을 통한 체제유지 혹은 체재생존의 전략을 선택하였고, 그 결과 당초의 목표인 체제는 근근이 유지가 되고 있지만 여전히 어려움에 직면하고 있다. 이는 결국 근시안적 선택이었고, 결과적으로 주민들의 어려움을 가속화시켰고 따라서 향후 북한체제는 더 큰 위기에 직면할 수 있을 것이다.

북한은 세계사의 흐름을 읽지 못하는 지도자, 생존전략으로서의 북핵과 미사일, 그리고 이로 인한 국제사회에서의 고립, 내부적으로는 폐쇄적 사회구조와 관료주의의 병폐, 경제적 기반산업과 기술의 부족, 그리고 주민들의 심리적 쇠락 등 많은 한계를 지니고 있다. 이에 반해 북한의 가능성은 중국의 자원과 시장, 남한의 기술과 경제협력·투자, 북한의 자원과 노동력, 그리고 시장경제의 도입으로 인한 주민들의 생존의지 등이 주목할만한 내용들이 될 것이다.

이상의 논의에서 필자는 지난 10여 년간 북한은 피할 수 없는 세계사의 흐름에 비록 느린 속도지만 함께 하고 있다는 점에서 북한의 가능성을 찾고자 하였다. 시장화와 개혁·개방의 필요성 그리고 인민들의 욕구 증대, 생존의지와 방법 자각 등 새로운 가능성을 죽음의 경험을 뛰어넘어(beyond death) 찾고 있다. 북한의 변화는 경제에서 시작되어 당을 비롯한 관료조직으로, 그리고 마지막으로 군대로의 변화과정을 겪게 될 것이다. 우리는 이러한 북한의 변화, 그 가능성과 한계를 정확히 성찰하고 미래를 위한 준비에 지혜를 모아야 할 때다. 다음의 인용문은 북한의 현실을 직시할 수 있는, 그리고 다양한 시각에서 남북한의 현실을 공히 읽을 수 있는 글이라 생각한다.

"심화된 남북의 국력격차와 북한에 불리하게 전개되는 국제정세, 그리고 파탄지경의 경제로 인해 북한은 흡수통일과 북침의 공포증에 시달리며 생존전략을 추구하고 있습니다. 그런데 우리는 북한의 능력을 과대평가해 왔습니다. 물론 자살적 공격능력을 보유하고 있는 북한을 결코 과소평가해서는 안 되겠지만, 과대평가는 더 큰 문제입니다."[3]

다시 논의컨대 북한을 어떻게 볼 것인가 라는 물음으로 되돌아오면, 우리(남북한)의 현실은 어떠한가, 나아가 한민족의 미래를 위해 무엇을 해야 하며, 또한 무엇을 준비할 것인가 라는 물음으로 마무리된다. 북한의 현실 인식이 기존의 위로부터의 변화, 이데올로기나 체제의 관점 중심이 아닌 다양한 시각에서 전개될 필요성이 있다. 위의 인용문처럼 남북한이 상호불신으로 인한 불필요한 공포감을 갖고 있는 것이 우리의 현실이다. 냉전적 사고, 체제대결 혹은 이념대립적 적대감은 남북한 모두를 위해 지양되어야 한다. 북한은 피할 수 없는 숙명적 동반자임은 변할 수 없는 사실이고, 따라서 북한의 생존과 번영을 위한 최고 전략은 독일의 경험에서 보았듯이 인도주의적 차원을 중심으로 한 '접근을 통한 변화,' '작은 발걸음 정책'임이 역사적으로 증명되었다.

2. 통일을 생각하는 방법론

분단된 나라에서 분열된 이념의 한 속에서 살아가고 있는 우리는 통일과 관련하여 근원적인 물음으로 되돌아가야 한다. 즉 '왜 통일인가, 어떤 통일이어야 하는가'라는 물음을 통해

---

3) 임동원, 『피스메이커』, 서울: 중앙books, 2008, p.165.

통일의 당위성과 보편성, 나아가 향후 우리의 통일이 담아야 할 가치성을 인식하고, 이를 통해 또 다시 사회적 공감대를 확산해나가는 작업이 요청되는 시대에 살고 있다. 따라서 통일의 의미와 방법론에 대한 다양하고 구체적인 사고의 확장이 학문적 연구영역으로 설정될 필요성이 제기되나, 지면의 제약과 본 연구 주제의 제한성으로 다음의 두 가지 물음에 간략한 논의를 제기하고자 한다.

첫째, 왜 통일을 해야 하는가? 이는 곧 통일의 당위성·보편성을 의미할 것이다. 어떤 통일을 이룰 것인가, 이는 통일의 과정과 내용을 포괄한다. 어떻게 통일을 이룰 것인가, 이에는 통일의 과정과 체제를 함께 담아야 할 물음이 될 것이다.

특히 왜 통일을 해야 하는가 라는 물음은 우리만의 것이 되어서도 아니되며, 세계적으로 공감대를 형성할 때 진정한 통일의 가치는 배가될 것이다. 따라서 이 문제는 국제적인, 세계사적인 '한반도 통일을 위한 지구적 시각' 공유를 위한 노력이 담론화되어야 하고, 우리는 이를 민족번영과 통일, 평화를 위한 전략으로 삼아야 한다. 한반도 분단체제 극복은 진정한 의미에서 냉전체제의 종식과 인류의 화해 과정이며, 동북아 평화는 물론 세계 평화의 첩경이라 할 수 있다. 이와 관련하여 백낙청교수는 분단의 의미를 다음과 같이 정리한 바 있다.

"분단체제의 극복은 단순한 분단 극복과 구분되어야 합니다. 어떤 식으로든 통일만 하면 분단은 극복되겠지만, 남북 분단을 통해 형성된 현실보다 더 나은 체제를 한반도에 건설할 때 비로소 분단체제는 극복됩니다. 경우에 따라서는 국토분단만 사라졌을 뿐, 반민주적이고 비자주적이며 국민 통합이 제대로 안된 사회는 그대로 남을 수 있다는 거지요."[4]

실질적 의미에서의 냉전 종식과 세계사의 화해 과정으로서의 분단체제 극복이 아닌, 형식적인 분단 극복은 오히려 새로운 비극이 될 수도 있다. 이를 극복하기 위해서는 통일의 당위성에 대한 확고한 신념 공유가 절대적 필요 조건이며, 이는 통일 이전에 철저히 준비해야 할 어쩌면 한민족에 있어 숙명적 과제라 할 것이다. 통일의 당위성 확보는 때가 있는 것이며, 그 시기를 놓칠 경우 엄청난 혼돈과 또 다른 심리적·경제적 손실을 가져올 수 있다.

1990년 독일 통일의 경우에서 보았듯이, 세계사의 흐름은 때로는 인간의 예측과 상상력을 뛰어넘는 것임을 인식해야 한다. 우리의 통일 역시 언제 어떻게 우리에게 다가올 수 있음을 염두에 두고, 모든 가능성에 대비해야 한민족의 미래를 밝힐 수 있다. 그렇지 않으면 또 다시 역사의 패배자로서 비극의 주민공이 될 수 있음을 자각해야 한다.

한편 통일과 관련하여 주목할 사실 가운데 하나는 통일이 민족 화합과 번영의 수단이어야지 목적이 되어서는 안된다는 점이다. 서독의 빌리 브란트 수상은 통일을 준비하면서 '접근을 통한 변화'라는 구호를 내세웠다.

---

4) 백낙청, "한반도 통일을 위한 지구적 시각을 찾아서," 김누리 · 노영돈, 『통일과 문화: 통일독일의 현실과 한반도』, 서울: 역사비평사, 2003, p.35.

"빌리 브란트는 긴장완화 정책을 추진하기 시작했을 때 가능한 한 통일이라는 단어를 쓰지 않았습니다. 그 대산 '작은 발걸음 정책'이라고 표현했지요. 이것이 동독과 서독 사람들이 다시 접근하는 데 도움을 주었습니다. 브란트는 언제나 어려움을 겪고 있는 사람들, 난관에 처한 사람들을 돕는다는 것을 정책의 중심으로 삼았습니다"(김누리, 244-245).

통일이라는 궁극적 목표를 설정해 놓고 통일에 관한 논의를 시작하는 것은 좋지 않다. 지금은 통일보다 평화를 강조하고 분단체제의 주어진 여건 아래서 최대한 화해와 교류를 추구할 단계다.

이제 다시 담론의 본류로 돌아가자. 둘째, 어떤 통일이어야 하는가? 물론 쉽지 않은 담론의 주제이지만, 독일의 권터 그라스의 고뇌를 소개하며 필자의 견해를 덧붙이기로 한다. 그는 영토에 기초한 민족국가 형태의 통일에 반대하며 국가연합제(Confederation)의 다양성 안에서 문화민족으로 남는 것, 즉 강제성 없이 독일 문화의 다양성을 통합하는 두 국가 사이의 자연스러운 통합을 주장했다. 국가연합제를 주장한 이유 가운데는 "문화국가로서 국가연합제는 갈등을 해소시키는 그 존재로 인하여 전세계에 펼쳐져 있는 서로 상이하지만 유사한 갈등들, 한국과 아일랜드, 키프로스 그리고 중동의 갈등들, 즉 국가주의적 행동이 공격적이 되어 국경을 설치하고 또 확대하려고 하는 곳 어디에서서 문제해결을 위한 모범이 될 수 있을 것이다"는 놀라운 내용을 담고 있다. 비록 독일 통일과정에서 그라스의 바램은 이루어지지 않았지만, 이는 우리의 눈과 귀를 밝게 해줄 지혜라 생각한다. 한민족의 통일과정이 세계사의 화해 모델로서, 세계평화의 이정표로서의 의미가 있음을 자각해야 한다. 이는 전범국 독일의 분단과 동서냉전에 의한 세계사적 분단국인 우리와는 분단과정과 분단극복의 의미가 지극히 다르기 때문이다.

그라스가 국가연합을 서독체제로의 일방적 흡수를 위한 단계가 아니라 동서독 두 체제의 동시적 변혁을 위한 기회로 활용해야 한다고 본 점을 주목해야 한다. 즉 통일을 서독의 '잘못된 자본주의'와 동독의 '잘못된 사회주의'를 변증법적으로 지양할 수 있는 기회로 보는 그라스의 시각은 우리 입장에서도 눈여겨봐야 할 대목임에 틀림없다(김누리 179).

그럼에도 불구하고 어떤 통일을 할 것인가, 어쩌면 그것은 얼마만큼 철저한 통일준비를 하느냐에 달려 있다. 따라서 분단을 고착화시키는 현상유지적인 평화체제가 아니라, 통일을 지향하는 평화체제가 될 수 있도록 남북이 사전에 긴밀히 협력하고 신뢰를 쌓아가야 한다. 나아가 우리가 이룩해야 할 평화는 통일지향적 평화, 동아시아·세계 평화로 가는 적극적이고 미래지향적인 평화, 인류의 희망과 염원을 담을 수 있는 평화이었으면 한다.

결국 한민족의 평화 구축과정은 동북아는 물론 나아가 평화를 갈구하는 모든 세계인들에게 평화에 대한 보편적 가치와 바람직한 평화체제모델을 제시하는 것을 의미한다. 우리의 건국이념과 건국목표인 홍익인간 이화세계라는 상생(相生)과 대동(大同)의 철학이 동북아평화체제 구축의 기본이념과 철학이 될 수 있도록 하자. 이를 위해 우리는 세계 최고의 적극적 평화국가, 평화주도국가, 평화지향국가로 거듭나기 위한 국내외적 노력을 한층 기울여야 한다.

평화를 기원하고 평화를 이야기하고 평화를 연구한다고 해서 평화가 이루어지지 않는다. 평화를 실현하는 것은 평화를 진정으로 사랑하는 사람들의 몫이다. 평화의 주체는 우리 모두이고 나 자신이다.[5]

요컨대 현재의 우리에게는 형식적인 종전선언보다는 남북한이 함께 번영할 수 있고, 주변국의 지지를 이끌어 낼 수 있는 실질적인 평화관리방안 모색이 선행되어야 한다. 이와 더불어 종전선언과 평화협정 체결이 자칫 한반도의 분단영구화를 낳을 수 있음에 유의하고, 이를 막는 남북한의 상호 신뢰와 지혜 모색이 절실히 요구된다. 한민족 통일은 동북아 협력·번영·평화의 한 부분이 될 때 자연스럽게 우리에게 다가 올 것이다(이헌근, 2007). 언제일지 모르지만 다가올 한민족의 통일과정과 관련하여 귄터 그라스는 다음과 같이 충고한다.

> "우리 독일인들에게 미하일 고르바초프가 도움이 되었듯이, 한국인들이 원하는 통일을 지원하지는 못하더라도 최소한 눈감아 주는 것을 이제 미국 대통령이 해야 할 것입니다. … 독일에서 얻은 제 경험에 비추어 말씀드리면, 통일을 향한 염원과 의지는, 그것이 살아있는 한 어느 미국 대통령보다 오래 살아남을 것이며, 언젠가 실현될 통일은 한국 국민들

---

5) 이승헌, 『숨쉬는 평화학』(서울: 한문화, 2002).

에게 잠깐 동안의 기쁨과 함께 지금까지는 알지 못했던 새
로운 고민거리를 안겨줄 것입니다"(김누리·노영돈, 18-19).

이와 더불어 판문점 중립국 감시자인 스위스와 스웨덴을 통
일과정에서 활용해야 한다. 중립국의 경험과 한민족 분단체제
의 목격자에서 통일과정의 후원자로, 나아가 강대국들의 중재
자로서의 역할을 적극적으로 수행할 수 있도록 그들의 위상을
높여나가야 한다(김누리 135-136).

위기는 곧 기회가 될 수 있다. 북한의 핵실험, 미사일문제는
세계인들의 주 관심사가 되고 있다. 이제 우리는 무엇을 할
것인가. 위기의 해결은 역설적으로 평화에 대한 강조로 가능
하며, 따라서 지금은 우리 스스로 평화에 대한 역량을 강화할
수 있는 기회이기도 하다. 한민족이 분단을 극복하고 통일과
번영을 이루기 위해서는 평화에의 강조가 최고의 전략이 될
수 있다. 우리는 평화에 대한 다각적인 노력을 통해서 남북한
은 물론 국제적 공감대를 형성할 수 있을 때 한민족은 비로소
통일의 소망을 이룰 수 있고, 나아가 자랑스런 평화국가로 설
수 있다. 이처럼 평화에 대한 강조는 아무리 지나쳐도 국익에
손해가 될 수 없음은 자명하다. 평화의 무기화, 평화의 전략화
는 치밀한 정책수립과 지혜로운 정책집행에 의해 가능하다.

한반도가 속해 있는 동북아 지역은 여전히 가장 강한 세력
들이 충돌하는 곳으로 남아 있다. 동북아는 일본의 우익정권
과 재무장 움직임, 중국의 민족주의(중화주의), 러시아의 부활
과 미국의 영향력이 여전히 마주치고 있으며, 더욱 갈등이 첨

예화될 개연성이 높다. 왜 평화여야만 하는가? 그런 까닭에 이곳에서 평화의 기운이 일어나면 세계로 퍼져나갈 효과는 지대하며, 이는 곧 인류의 희망을 만드는 계기가 될 수 있다. 아시아의 평화는 한반도의 통일의 기운으로 시작되어야 함을 알릴 수 있음은 곧 우리의 희망이기도 하다. 따라서 평화만이 살길이요, 우리의 미래다. 한반도를 둘러싸고 있는 세력들에게, 그리고 북한에게 평화만이 모두가 상생할 수 있는 최고의 길임을 알려나가는 것이 최고의 첩경이며, 최선의 전략이다.

아울러 이제 분단을 활용하고, 국익상승을 위한 중대한 기회가 될 수 있다는 생각을 하여본다. 발상을 전환하며, 그리고 위기를 기회로 잘 활용할 수 있는 지혜가 있다면, 분단은 국제적으로 우리가 국익을 위해 활용할 수 있는 중대한 카드이기도 하다. 분단비용과 안보 위협이 우리를 힘들게 하고, 우리의 외교적 자주성을 때로는 제한하기도 하지만, 분단 극복과 통일 그리고 이를 통한 동북아 평화에의 기여를 국제적으로 강조함으로써 우리의 세계 평화에 기여하는 불리하지만은 않은 상황을 얼마든지 만들 수 있다. 이것이 이 시대를 사는 한민족의 과제요, 새로운 창조적 기회 모색이 될 것이다.

2. 김정은정권의 정상국가화 구상

희망이 미래를 만든다. 희망만이 살 길이다. 일제의 식민통치, 남북 분단과 6·25전쟁, 군사독재와 전체주의 독재, 이념적 폐쇄성과 극단적 적대감 등 불행한 경험과 아픈 역사의 한반도. 먼 훗날 역사발전의 수레바퀴에서 바라보면, 아픈 역사도 손해만이 아니고, 보다 성숙되어 우리 사회의 갈등을 풀어가는 지혜가 될 수 있음을 기억하자. 북한의 정상국가화는 한반도의 미래와 희망을 여는 첫걸음인 동시에 통일을 향한 역사적 산책의 출발점이다.

북한은 한마디로 집단체면사회, 비이성적인 정권으로 특징지을 수 있다. 부연하면 북한은 독특한 사회주의, 전체주의, 3대권력세습, 제한된 시장경제와 명령경제의 혼합, 핵과 미사일을 통한 국제적 위협, 폐쇄적인 국제적 고립국가 등을 특성으로 하는 국가이다. 따라서 북한 정상국가화의 개념을 개략적으로 정리하면 국제사회의 일원, 이성적 국가, 인권과 자주성, 국제협력을 통해 세계평화에 기여하는 나라 정도이다. 이를 의미 혹은 가치론적 분석을 통해 정리해본다.

북한의 정상국가는 국제사회의 협력, 외교적 독립 국가의 탄생을 의미한다. 북한의 정상국가화는 동아시아 화해 협력 공간의 의미와 평화공간의 탄생을 의미한다. 북한의 정상국가화는 세계협력과 평화의 도미노 현상이 가능한 의미를 지닌다. 두만강 프로젝트, TSR, 동아시아 가스연결, 캄차크반도와 동시베리아 공동개발 등을 통한 중국, 러시아, 일본, 유엔과 EU, 몽골과 미국 등 다양한 참여와 협력 공간의 연결자(connector)의 역할을 남북한이 할 수 있음을 의미한다. 이는 열강들에 대한 우리 한국의 외교자주성 회복을 의미하기도 한다. 무엇보다 중요한 것은 북한의 정상국가화가 오히려 우리 사회의 분열의 완화와 극복 나아가 통일에 대한 기회, 가치공유의 가능성을 확산할 수 있다는 점이다.

무엇보다 북한의 정상국가화는 남북관계의 발전은 물론이거니와 국제적 협력의 여지와 공간을 확대하는 의미를 지닌다. 지면의 제약으로 간략하게 북한의 정상국가화 방안을 두 가지 시각으로 언급하고자 한다. 먼저 역지사지의 시각이 기본적으로 요청된다. 우리 정부가 북한정권이라면 핵과 미사일을 어떤 상황에서 포기할 가능성이 있겠는가? 미국과 중국 공히 북한정권의 안정을 보장함이 최우선 조건이 될 것이다. 구체적으로는 북미평화협정과 북미 불가침협정, 북중관계의 혈맹적 복원과 러시아의 북한정권 안정 보장 약속 등이 그 북한 정상화 방안의 주요 내용에 포함될 수 있다.

둘째, 남북관계의 정상화를 통한 남북한의 가치 공유 혹은 목표 공유를 생각할 수 있다.

이처럼 한반도의 미래 가치는 우리 스스로를 동북아 평화협력의 중심 공간으로 창출 할 수 있을 때 더욱 두드러질 것이다. 이러한 관점에서 필자는 문재인정부가 제시한 '구상'의 분석을 통해, 한반도의 미래가치를 높이고, 반복적 남북 긴장을 줄이고, 남북협력과 신뢰관계를 복원하고, 나아가 남북한 협력의 공간을 한반도에 강력하게 구축할 수 있을까 라는 지극히 당연하지만 쉽지 않은 물음에 현실적인 방안을 모색하고자 한다. 이는 분단에 대한 자성적 인식의 확산, 남북 신뢰 구축의 필요성에 대한 공감대 확대, 북한의 정상국가화, 한반도에 대한 국제지 지지와 참여에 의해 비로소 가능할 것이다.

비록 한반도는 20세기 극단적 이념 대결이라는 세계사의 큰 흐름 속에 원치 않는 분단을 맞았지만, 대한민국은 여전히 민족정체성을 유지한 채 경제성장과 번영을 이루고 있다. 다행인지 불행인지 분단체제의 대립 속에 남과 북은 자본주의의 비인간성과 사회주의의 비효율성을 모두 경험하고 있다. 남북한 통합과 통일 과정에서 두 체제의 약점을 이념적 성숙함을 통해 극복할 수 있는 '제3의 길'을 찾아야 함은 분단시대를 사는 이들의 과제이자 사명이다.

지면의 제약으로 본 장에서는 핵과 미사일의 북한이 궁극적으로 추구하고자 하는 긍정적 시나리오, 정상국가화 방안에 초점을 두고 간략히 다음과 같이 논의하고자 한다.

김정은의 북한이 구상하고 있는 경제 모델과 개혁의 방향을 스위스의 관광경제, 싱가포르의 중개무역, 그리고 베트남식 개혁·개방을 통한 체제유지로 특징지울 수 있다. 김정은정권이 그리고 있는 시나리오는 위 세 국가들의 경제 형태를 조합하고자 한다. 김정은이 어린 시절을 보낸 스위스 베른 국제학교의 경험, 유럽 최고의 관광과 겨울스포츠의 도시 베른, 스위스의 관광경제의 규모는 연간 35조 정도도 대단하다. 김정은 집권후 경제적인 첫 작품은 사실상 마식령 스키장이다. 금강산과 원산 송도관광단지를 연결하는 동해안 관광벨트에 김정은의 꿈이 담겨지고 있다. 마식령스키장, 원산 갈마국제공항, 원산 송도 대규모 관광리조트단지 그리고 금강산 골프장과 카지

노 계획 등이 구체적인 내용들이다. 원산에 건설된 갈마국제 공항은 싱가포르의 설계와 '보이지 않는 투자'에 의해, 비록 미국과 유엔의 경제제제에 의해 원래 계획과 달리 축소되었지만, 건립되었다. 첫 번째 북미정상회담 장소인 싱가포르는 김정은에게 보이지 않는 후원자 역할은 하는 친밀한 국가이다. 김정은은 현지지도를 통해 원산 갈마해안관광지구(명사십리 일대) 개발에 심혈을 기울이고 있다. 향후 북미회담의 진전에 따라 국제적인 투자 유치를 준비하고 있다. 이외에도 공항과 숙박시설 건설 등 백두산지구 관광단지 현대화와 묘향산 관광 여건 개선사업 등이 함께 이루어지고 있는 관광경제의 모습이다.

한편 북한이 지향하는 경제개혁 모델은 중국이 아닌 '베트남식 모델'이다. 미국과의 전쟁과 화해, 국교수립 그리고 사회주의 건국지도층에 대한 존경과 권위를 바탕으로 사회주의 체제를 유지한 채 경제를 발전시켜나가는 형식에 관심이 높다. 이는 김정은체제 생존을 위한 현실적인 대안적 모델이기 때문이다.

북한이 국제사회에서 정상국가가 되지 않는 한, 한반도의 지정학적 가치를 극대화하는 것은 불가능하다. 이는 역설적으로 북한이 정상국가로서 국제사회의 일원으로 살아갈 때, 대한민국과 한반도의 미래는 훨씬 밝아진다는 사실이다. 우리는 이를 도울 수 있어야 한다. 북한의 급격한 붕괴는 대한민국에게 절체절명의 위기임을 자각해야 한다. 북한정권 붕괴로 인한 혼란과 희생이라는 최악의 시나리오를 막을 수 있는 힘과 지혜를 모색해야 함도 우리의 숙제이기도 하다.

남북한의 정치적 화해와 남북경제협력은 성장의 한계, 좌우 이분법적인 사고의 극단적 대립, 그리고 정신적 폐쇄성에 직면한 남북 모두에게 공존공생의 새로운 기회를 제공할 것이다. 남북경협은 한국 경제의 활로이자 동북아의 여의주를 쥐는 통로이다. 한반도의 민족경제공동체는 중국과 일본에 대해서도 협력과 상생을 추구하는 바, 중·일의 대립을 화해로 바꾸고, 미국의 전략을 상생으로 전환시키며, 동북아 지역이 갖는 아시아리더십을 온건히 되살리는 여의주가 될 것이다(이찬우, 2015, p.6). 이는 곧 노무현·문재인정부가 강조하는 평화경제이며, '한반도 신경제지도'는 평화경제를 추구하는 구체적인 로드맵을 담고 있다.

나아가 동북아의 화해·협력과 상생의 조건 구축이 한반도 평화경제에서 시작될 것이다. 한반도 경제공동체에서 비롯될 동북아경제공동체는 다음의 모습으로 나타난 것이다. 동북아 물류중심 중국, 동북3성(만주) 발전의 열쇠는 한반도, 동북아의 등줄기이자 자원부국 몽골, 동북아의 여의주 한반도, 한반도를 이어나갈 동북아의 젖줄이자 경제협력의 거점 러시아 극동지역(시베리아와 블라디보스톡), 이들 나라들과 UNDP의 협력으로 함께 성장하고 번영하는 시나리오가 예상되며, 일본은 전후 극우세력의 약화와 진정한 과거사 참회, 미국과의 정상적인 관계가 없는 한 '무늬만 동북아'인 존재로 여전히 미국의 대중국 방어의 전초기지로 남게 될 것이다.

Ⅲ. 한반도 지정학적 가치의 극대화

1. 지정학적 가치와 현실 인식: 독일의 경험과 한반도

2015년 푸틴의 신동방정책, 시진핑의 일대일로, 박근혜정부의 유라시아 이니셔티브라는 다른 이름의 유사한 동북아 공동의 관심사가 제기된 바 있다. 그리고 이 셋의 근접점이 두만강과 북한의 나선지역이며 그 연결지점이 한반도가 될 수 있다. 일본 역시 이 관심사에서 배제될 수 없는 운명에 놓여있다. 따라서 한반도의 지정학적 가치는 향후 증대될 수 있으며, 우리는 비록 분단시대에 살고 있더라도 이 가치를 극대화할 지혜와 전략을 모색해야 한다. 2019년은 남북정상회담과 북미정상회담의 극적인 성사로, 한반도를 둘러싼 다양한 가능성의 공간이 열린 해이다. 비록 남북과 북미간 실질적인 외교적 성과는 미흡하지만, 한반도를 둘러싸고 새로운 세상, 평화로운 세상에 대한 기대를 우리로 하여금 갖게끔 한다.

한반도의 미래 가치는 우리 스스로를 동북아 평화협력의 중심 공간으로 창출 할 수 있을 때 더욱 두드러질 것이다. 이러한 관점에서 필자는 한반도의 미래가치를 높이고, 반복적 남북 긴장과 남북협력 제로시대에 어떻게 남북관계를 복원하고, 나아가 남북한 신뢰와 협력의 공간을 한반도에 강력하게 구축할 수 있을까 라는 지극히 당연하지만 쉽지 않은 물음에 방안을 모색하고자 한다. 그리고 본 논의의 구체적 쟁점을 북한의 정상국가화에 두고자 한다. 세계사적 대전환기를 맞아 대한민국이 살 길은 북한과 함께 앞으로 나아가야 하는 것은 너무나 자명하다. 어쩌면 북한이라는 존재는 한민족 비극의 산물인 동시에, 미래를 향한 '히든 카드'로 활용할 수 있는 보물이기도 하다. 이는 '평화 경제'가 한반도의 미래를 만들 수 있다는 주장과도 일맥상통하다.

세계적 경제위기, 미중의 대립 격화 등 국제적 환경변화와 남북협력 제로시대에 우리는 무엇을 할 것인가? 그럼에도 불구하고 이제 우리는 새로운 남북관계 방향을 정립해야 한다. 통일보다 통일한국의 미래에 초점을 두고 북한을 움직일 지혜가 절대적으로 필요한 시점이다. 이를 위해서 남북관계 개선과 국제적인 협력을 이끌어내 북한의 정상국가화를 동시에 추진할 필요가 있다. 6자회담과 북미 평화협정 그리고 다자협정이라는 틀 속에서 북한은 물론 동북아 전체의 화해와 협력, 나아가 평화를 모색하는 새 틀을 동시에 만들어가야 한다. 이를 위해 일본과 북한의 참여라는 역사적인 타협의 공간이 필요하며, 중일과 북일 그리고 미중 간의 화해가 동시에 이루어질 수 있는 다자협정의 공간을 열어야 한다. 북한에 대한 외부의 영향력이 확대되고, 이를 통해 북한의 이익과 정상국가화가 진전될 때, 한민족 통일은 마침내 북한 주민들이 스스로 선택하고 결정하게 될 것이다.

독일의 많은 지도자들은 북한을 변화시키고, 통일한국의 미래를 위해 조건없이 투자해야 한다고 다음과 같이 충고한다.

서독의 '작은 발걸음 정책'이 우리에게 바람직한 롤 모델이 될 수 있다.

첫째, 북한에 조건 없이 쌀과 식량, 비료, 의약품 등 기본 생필품을 지원해야 한다. 어쩌면 '고난의 행군을 통한 굶주림'이 북한 정권을 장기간 지속하는 요인이 될 수 있다. 굶주림을 벗어나 배가 부르면, 다음으로 '자유에 대한 갈증'이 생겨나고, 이 자연스런 인간의 욕구가 북한 변화의 추진력으로 작동할 것이다.

둘째, 북한에 철도와 고속도로를 유무상으로 깔아주어야 한다. 이는 북한의 산업화와 경제성장에 결정적인 도움이 될 것이며, 나아가 폐쇄사회가 소통과 개방되는 결과를 가져올 것이다.

셋째, 남북한 사이에 다양한 이동통로를 마련해야 한다. 민간 차원, 종교 자원에서 자연스럽게 시작되어야 한다. 물자와 사람, 정보와 자본의 이동, 이산가족의 왕래 등을 늘려가야 한다. 결국 한반도 통일은 정치적인 통일이 아니라, 민족 구성원들 마음이 소통되고 하나 되는 하부구조로부터 시작되어야 한다.

넷째, '작은 발걸음 정책'의 핵심은 통일보다 통합이 더 중요하다는 교훈을 주었다. 통합은 '우리는 하나다'의 심리적 완결상태를 의미한다. 우리 정부도 가급적 통일이란 말의 사용을 지양하고, '통일부'를 '평화부' 혹은 '남북협력부' 정도로 명칭을 바꿀 것을 제언한다.

마지막으로 우리가 지향하는 '제3의 길'은 '인간을 위한 통일'이어야 한다.

2. 통일시대 한반도 지정학적 위상과 한반도 신경제지도

'아메리카 퍼스트'와 '차이나 퍼스트' 사이에서 분단민족인 우리는 지혜롭게 '코리아 퍼스트'의 길을 찾아야 한다. 지난 분단시절 대부분의 시기, 특히 지난 9년간의 남북관계는 참으로 암울했다. 위기에 당면한 남북한은 이제 새로운 돌파구를 찾아야 한다. 현실적으로 남북한은 공히 위험에 직면하고 있다. 북한은 미국을 위협하는 최고의 국가로 인식되고 있으며, 우리 역시 중국과 미국 사이에서 외교적 어려움에 직면하고 있다.

성장의 한계와 분배 요구의 증폭, 빈부 격차와 세대 격차의 확대, 노령화와 저출산, 4차산업혁명과 급격한 경제 패러다임의 변화와 미·중의 압박 등 우리는 무엇으로 당면한 대한민국의 총체적 위기를 극복하고, 나아가 이를 기회로 전환할 것인가? 필자는 '코리아 퍼스트'의 시작은 분단 현실에 대한 자성적 인식과 이를 극복하려는 사회적 공감대의 확산에서 가능하다는 생각이다. 따라서 본 연구는 분단 대한민국이 당면하고 있는 '운명적 고독'을 새롭게 직시하고, 이를 극복하고자 하는 근원적 노력의 일환이기도 하다.

왜 이 시점에서 문재인정부의 한반도 신경제지도 구상이 필요한가? 문재인 정부는 남북관계와 한반도의 미래 청사진을 다음과 같이 제시하고 있다. 즉, "전쟁 위협이 사라진 한반도에 경제가 꽃피우게 하겠다. 남북이 아우르는 경제공동체는 대한민국이 만든 '한강의 기적'을 '대동강의 기적'으로 확장시켜 세계 경제 지도를 바꾸는 '한반도의 기적'을 만들어 낼 것"

문재인 대통령은 취임후 2017년 6월 1일 제주포럼 영상 기조 연설을 통해 남북경제공동체는 한반도와 동북아시아에 평화체제를 정착시키는 역할을 할 것임을 강조한 바 있다(중앙일보 2017. 6. 2일자 1면).

문재인정부가 구상중인 '대동강의 기적'은 그 바탕이 남북관계 개선과 북한의 정상국가화이며, 또한 한반도 평화를 위한 국제적 협력이 '성공 조건'이라고 생각한다. 필자는 '대동강의 기적'보다 '두만강을 통한 동북아 협력지대 창출이 훨씬 더 한반도는 물론 동북아 평화에 현실성이 있음을 여러 연구들을 통해 강조한 바 있다(이헌근, 2016).

따라서 본 연구는 남북관계 개선과 북한의 정상국가화라는 기본 인식 하에, 이를 성공적으로 이룰 수 있는 국내외적 전략의 동시화에 대한 논의를 진행하고자 한다. 즉 필자는 국내적 사회적 합의 도출을 통한 남북관계 개선전략, 북한의 정상국가화를 위한 국제적 협력 도출전략을 동시적으로 논의할 것이다. 이 두 전략은 쌍끌이로 작동될 때, 그 결과(효과)를 그물에 담아낼 수 있다. 남북관계의 가장 큰 적은 우리 내부의 분열과 상호불신이다. 분단 70여 년이 지나면서 남북한 간의 이질화와 더불어, 우리 사회 내부에도 분단으로 인한 이념적, 심리적 분열과 분리의식이 자못 심각하다. 우리 사회가 지닌 다소 이분법적인 적대의식과 피해의식, 그것들이 자연발생적이건 혹은 인위적인 요인들에 의한 표상들이건, 이를 극복할 사회적 필요성이 시급한 현실이다. 분단 극복과 평화로운 미래를 위해 우리 사회 내부의 화해와 치유 역시 선행되어야 할 과제임에 분명하다. 이를 필자는 사회적 합의(social consensus) 혹은 사회계약(social contract)의 개념으로 설명하고자 한다.

유럽의 역사적 화해와 통합과정이 보여주었듯이, 민주주의와 평화, 경제적 번영은 함께 흐른다. 따라서 남북한 관계 진전과 동북아 평화 역시 함께 풀어나가야 할 매듭이다. 이 '구상'의 현실적 실현가능성 역시 남북한 신뢰, 국제적 지지와 참여에 수준에 의해 결정될 것이다.

한반도 신경제지도 구상은 남북연합의 성공을 지향하고, 남북한이 함께 만들어갈 수밖에 없다는 점에서 '구상'이란 명칭은 언제나 적절하다. 그런 면에서 한반도 신경제지도 구상은 남북이 함께 만들어가야 할 한민족의 미래상이며, 북한의 경제발전계획과 우리의 구상이 긴밀하게 연결되어야 할 운명이다. 궁극적으로 이 구상은 성공적인 남북연합을 통해 구체화될 수 있는 한민족의 미래 그림을 담는 도화지이기도 하다.

요컨대 한반도 신경제지도 구상은 남북한의 화해와 협력 그리고 무엇보다 신뢰의 바탕 위에서 첫발을 내디딜 수 있다. 그러므로 신경제지도 구상은 상대방에 대한 이해와 배려, 상생과 공존, 번영이라는 원원 전략에서 한 걸음 더 나아갈 수 있다. 통일부는 성급하게 이 '구상'을 마무리 지으려 욕심내어서는 안된다. 어쩌면 이 '구상'은 끝없는 미완의 작품, 한민족의 미래상, 지향해야 할 유토피아를 담아가는 과정이다. 또한 이 '구상'은 남북이 함께 바라보고, 함께 나아가야 할 미래를 담아가는 중대한 작업이며, 미래 한반도의 가치를 창출하는 시대적 소명이기도 하다.

Ⅳ. 결론 및 후속연구를 위한 제언

"통일을 중력이다. 한민족이 세계를 끌어당기는 힘이다." 2015년 일간지 1면에 실린 숭실대학교의 광고문구이다. 다소 엉뚱하고 도발적으로 보일 수도 있겠지만, 필자는 이 광고문구가 통일에 대한 관심과 대학의 역할을 새롭게 잘 표현한 신선한 시각이라 생각한다. 그렇다. 이처럼 통일에 대한 접근들, 즉 새로운 사고와 전략수립 그리고 통일의 꿈을 통한 한민족의 새로운 탄생을 염원하는 작업들이 계속되어야 할 것이다. 성장과 분배의 한계에 직면한 대한민국의 현실을 극복하고, 희망의 미래를 새롭게 열기 위해서, 우리에게 통일은 분명 위기인 동시에 활용하기에 따라 절체절명의 기회가 될 수 있다.

따라서 우리는 통일문제에 대해 논의하고 고민하고 준비해야 한다. 우리의 노력에 따라 전혀 다른 미래를 만날 수 있기 때문이다. 바람직한 남북관계 설정을 위한 우리의 기본적 인식은 다음과 같이 지적할 수 있다.

첫째, 우리 내부적으로 통일의 가치 공유를 바탕으로 남북관계의 목표라는 큰 그림을 그려야 한다. 통일은 피할 수 없는 한민족의 숙명적 과제임을 인식하고, 통일에 대한 열망과 의지를 바탕으로 적극적이고 주도적인 자세로 남북관계에 임해야 한다. 이는 발제자가 제시한 통일의 두려움 극복하기와 일맥상통한다.

둘째, 우리 사회가 반복적으로 경험하고 있듯, 정권교체나 이념으로 분열된 사회상을 통일이라는 민족적 과제를 통해 소통하고 타협하려는 사회적 승화의지를 키워 나가야 한다. 이는 지도자의 사심 없는 노력과 다양한 채널의 '사회적 합의'(social consensus) 도출 노력에 의해 가능할 것이다.

셋째, 통일비용은 북한에 제공하는 자선기금이 아니라, 한민족의 미래를 위한 투자비용으로 인식하는 패러다임의 전환이 절실하다. 따라서 그 혜택은 우리 국민, 남한의 기업이 가장 큰 수혜자가 될 수 있음을 이해시켜 나가야 한다.

넷째, 남북한 간의 불신을 줄이고, 민족이익 우선의 원칙을 바탕으로 상호 신뢰를 회복하는 노력이 요청된다.

필자는 우리가 북한에 관심을 가지면 가질수록, 향후 당면할 수도 있는 민족의 비극을 줄여가고 통일을 새로운 한민족 발전의 기회로 삼을 수 있다고 생각한다. 따라서 필자는 통일 준비를 위한 현실적 대안으로서 '우리는 무엇을 할 수 있는가?'라는 문제를 보완적으로 논의한다. 그리고 중·단기적 전략적 차원에서 시행해야 할 몇 가지 사항을 다음과 같이 간략히 언급하기로 한다.

첫째, 북한의 체제 안정에 도움을 주어야 하며, 또한 북한을 바라보는 시각에 전환이 필요하다. 북한의 생존과 번영이 한반도의 미래를 위해 바람직하다는 인식을 바탕으로, 앞서 독일의 경험에도 보았듯이 북한의 가능성과 한계를 냉철하게 직시하고, 무엇보다 인도적 차원에서의 지원을 꾸준히 해 나감이 현재 우리가 할 수 있는 최고의 통일전략이 될 수 있을 것이다.

둘째, 중국을 통해 직접·간접적으로 북한을 관리해야 하며, '한민족의 미래는 중국을 어떻게 활용할 수 있는가?'에 달려 있음을 주지해야 한다. 현재의 북한에 대한 중국의 영향력은 절대적이며, 김정일 이후에도 그 영향력은 지속될 것이다. 중국과 북한의 관계에 주목하여 중국을 안전하게 관리하는 지혜가 요구된다. 우리의 과제는 북한의 홀로서기를 돕는 것, 북한이 개방화·세계화에 동참하도록 하는 것이며, 이를 위해 중국의 동북3성, 특히 연변의 조선족 교포들을 활용해야 한다. 조선족 교포들의 중국 왕래가 점차 증대하고 있으며, 이들을 통해 북한의 민심을 획득하는 계기로 삼을 수 있기 때문이다. 아울러 중국은 특히 동북3성은 향후 한민족의 자원·식량·철로·인력 등 활용해야 할 중대한 미래의 활동공간이라는 가능성을 인식하고 투자해 나가야 한다.[6]

> "궁극적으로 대륙과 연계된 한반도가 다시 환동해권과 환황
> 해권을 아우르는 네트워크의 중심적 위치를 점하게 될 때,
> 즉 한반도가 동북아의 중앙에서 동해와 황해를 아우르며 지

---

6) 이와 관련된 상세한 논의는 홍면기, 『영토적 상상력과 통일의 지정학』, 삼성경제연구소, 2006를 참조하시오.

중해의 중심과 같은 위치를 찾아갈 때, 통일의 지정학은 완성될 수 있다. 이를 위해서는 무엇보다 과거의 경험으로부터 자유로운 풍부한 상상력과 전략적 사고, 그리고 이를 뒷받침할 국민적 지혜와 노력이 절실하며, 또 북한만이 변해야 한다고 주장하기 이전에 우리가 동북아의 평화를 주도적으로 설계하고 통일에 대비한 심리적·제도적 준비가 제대로 되고 있는지를 깊이 생각해볼 필요가 있다."

이와 더불어 우리의 지혜와 기술 그리고 동북아의 지정학을 활용한 미래 동북3성을 '가능성의 공간'이라고 표현한 홍면기의 지적은 참으로 적절하다.

셋째, '아래로부터의 통일'을 준비하며, 민심에 투자해 나가야 한다. 북한 및 중국 조선족 교포들의 민심을 얻지 못하면, 한국은 향후 통일과정에서 어려운 상황에 직면하게 될 것이다. 민심은 천심이다. 민심을 얻게 되면, 미래의 북한은 중국의 영향력과 간섭에서부터 자연스럽게 한국과 하나가 되는 결과를 가져올 수 있음을 명심해야 한다. 민심을 획득하는 최고 전략은 남북한의 경제협력을 통한 북한 경제의 재건이다. 이를 통해 북한 경제에 대한 우리의 영향력이 커질 때 자연스럽게 남북은 하나가 되어갈 것이다. 즉 대남경제의존도와 대남친밀도를 높여라! 이를 위해서 중국 연변을 활용하고, 북한에 민간부문의 적극적 교류를 허용해 나가야 한다. 특히 관광·문화 교류의 증대 등 중·장기적 투자전략 및 경제협력·개발사업 등을 장기적 안목으로 이끌어야 한다.

넷째, 통일 준비 및 통일의 당위성 확보를 위하여 노력해야 한다. '누가 어떻게 우리를 도울 것인가?', '왜 도와야 하는가?'에 대한 정당성 확보, UN을 비롯한 국제사회의 지원 시스템 확보, 독일 통일의 경험(자문단) 활용, 통일세 등 통일비용 및 비상사태에 대비한 시스템 점검 등 통일의 준비는 끝이 없다. 준비된 만큼 시행착오를 줄이고, 비극을 줄이고, 통일비용을 줄일 수 있음은 독일이 몸소 보여주었다. 특히 통일비용과 관련하여 발제자가 언급한 통일세 징수, 기금 조성, 복권 발행, 개발차관 도입, 국채 발행, 국유재산 매각 등의 방법과 더불어 북한이 지닌 지하자원과 인적 자원을 바탕으로 시베리아, 동북3성의 대농장 프로젝트 등 활용할 수 있는 방안을 찾는다면, 통일은 새로운 한민족의 비상을 가능하게 하는 기회가 될 수 있다는 생각이다.

필자는 지난해 취임한 독일대통령의 말에서 그 해법을 발견할 수 있을 것으로 생각한다. 프랑크 발트 슈타인마이어 대통령은 2017년 3월 12일 취임전 일성으로 '독일이 희망이다. 용감하게 전진하자'라는 당선 소감을 밝힌 바 있다. 즉 "민주주의가 작동하는 독일이 이 어려운 시기에 닥친 세계에서 안정을 위해 싸워야 할 책임이 있다." 독일이 과거 두 차례 전쟁을 지나고 전체주의(나치즘)를 극복하고 나서"전 세계의 많은 사람에게 희망의 닻이 됐다는 것이 얼마나 근사한가"라면서 독일인들이 이에 대해 자부심을 가져야 한다고도 했다(국제신문 2017년 2월 13일자 3면).

위에서 언급한 독일대통령 당선인의 일성은 통일독일의 자신감, 세계의 안정과 평화에 대한 독일지도자의 책임감과 '희망의 닻'이라는 자부심 그리고 무엇보다 지도자가 국민에게 주는 희망의 메시지는 참으로 부러움 그 자체다. 당시 촛불과 태극기가 광화문 광장을 이분화하던 우리의 자화상과 오버랩 되며, 필자는 참으로 많은 회한에 잠겼던 기억이 있다. 다시금 근원적인 물음으로 되돌아온다. 분단과 분열된 대한민국은 무엇으로 살아남을 것이며, 어떻게 세계에 기여할 것인가? 요컨대, 본 연구는 이 물음에서 출발하고, 이 물음에 답하기 위한 노력의 일환이기도 하다.

한반도 주변국의 민주화와 자유화운동이 북한 변화의 동력이 될 수 있을 것이다. 2019년 8월 홍콩의 민주화운동이 동북아 역사 변화의 가능성을 제공하길 희망한다. 민주주의는 전염이 가능한가? 평양의 자유화는 홍콩과 상하이, 베이징, 모스크바, 도쿄의 민주화·자유화 물결과 함께 연대할 가능성이 있을까? 중국과 일본 그리고 러시아의 민주화·자유화 요구라는 주변국들의 환경 변화가 북한의 민주화와 자유화를 촉진하는 변수로 작용할 수 있을 것이다. 독일과 동유럽의 경험에서 민주주의는 공기처럼 흐르고, 전파된다는 역사적 사실을 기억하자. 절망과 패배의식, 적대감으로는 세상을 바꿀 수 없다. 운명을 뛰어넘는 건 언제나 희망과 용기이다.

참고문헌

김누리 외(2006), 변화를 통한 접근, 서울: 한울 아카데미.

김석철(2012), 『한반도 그랜드 디자인』, 서울: 창비.

김석환(2015), "한국이 유라시아의 평화와 외교 허브가 되려면," Russia-Eurasia Focus 특별호.

김석환(2015), 유라시아와 한반도, 서울: 한국외대 지식출판원.

김영윤(2015), "시진핑의 AIIB 설립구상과 동북아 물류협력을 위한 한국의 과제," 코리아연구원 현안진단 제266호.

김진하 외(2015), 통일외교 콘텐츠 개발, 서울: 동일연구원

길정우(2015), "남북관계 개선과 동아시아 평화: 우선순위의 전략적 재구성," 제11회 한겨레-부산국제심포지엄 발표논문.

김현일(2017), "신정부의 한반도 신경제지도 구상 공약과 의의," Weekly KDB Report.

금성근 외(2012), 환동해경제재건 협력강화 방안, 부산: 부산발전연구원.

나희승(2014), "남북 유라시아 철도사업의 의의 및 협력과제," KDI 북한경제리뷰 2월호.

리온 시걸(2008), "한국을 위한 협력: 평화 프로세스와 비핵화," 북한대학원대학교 국제학술회의.

림금숙(2012), "창지투선도구와 북한나선특별시간 경제협력," 한중수교 20주년기념 국제학술대회 자료집.

류장용(2007), "동북아 평화체제의 구축," 제3회 한겨레-부산 국제 심포지엄 자료집.

박종철(2017), "문재인정부 대북통일정책의 기본 방향과 우선 과제," 서울:통일연구원.

바이츠제커(2012), 우리는 이렇게 통일했다, 서울: 창비.

배기찬(2005), 코리아 다시 생존의 기로에 서다, 서울: 위즈덤하우스.

백성호(2009), "두만강유역 개발현황과 발전전망," 대한상공회의소.

신각수(2013), "전환기의 한국외교," 신아시아, Vol.20, No.4, Winter.

안병민(2015), "통일대비 유라시아 이니셔티브와 교통물류체계 구상,"

한국교통연구원 세종시대기념세미나자료집.

안병민(2014), "유라시아 시대의 동북아 협력과 북한 개발 전망: 교통 물류를 중심으로," 수은북한경제 봄호.

알렉산더 코제브니코프(2011), "러시아의 극동개발전략과 새로운 한중 러 협력관계," 2011 한겨레-부산 국제심포지움 발표자료집.

여호규, 만주-연해주에 대한 통합연구, 동북아 공존의 출발점, http://www.nahf.or.kr/data/Newsletterlist/1108/sub01.html 동북아역사 재단뉴스.

이광재 엮음(2014), 대한민국 어디로 가야 하는가, 서울: 휴마니타스.

이규창 외(2017), "평화와 번영의 한반도: 정책목표와 추진방향," KINU정책연구시리즈 17-05.

이옥희(2011), 『북중 접경지역』, 서울: 푸른길.

이종석(2017), "두만강 하류 북중러 국경 획정과 중국의 출해권 전망," 세종정책브리핑.

이찬우(2015), 『동북아 심장을 누가 쥘 것인가』, 서울: 역사인.

이창주(2014), 『변방이 중심이 되는 동북아 신 네트워크』, 서울: 산지니.

이현근(2017), 『두만강에 평화가 흐를 때, 통일은 대박이다』, 파주: 한국학술정보(주).

이현근(2015), 『한반도의 지정학적 가치를 넘어서: 창조적 가치와 통일 담론』, 부산: 신지서원.

이현근(2014a), "한반도의 지정학적 가치와 창조적 가치: 동북아 평화와 두만강개발계획(UNDP)의 상관성을 중심으로," 「한국시민 윤리학회보」 제27집 2호.

이현근(2014b), "박근혜정부의 한반도 평화전략과 신뢰외교," 세계교수 협의회 지역세미나발표논문.

이현근(2013), "박근혜정부의 대북정책과 한반도 평화," 한국시민윤리 학회 춘계학술대회발표논문.

이현근(2007), "종전선언, 평화체제 그리고 남북관계변화," 경북대학교 평화문제연구소 제32회 학술세미나발표논문.

이현근(2006), 『평화를 통한 국가이미지 제고와 통일과정에서의 활용 방안』, 서울: 통일연구원.

이현근(2004), "한반도 평화체제의 의미와 구축 전망: 동북아평화체제 와 관련하여," 한국동북아학회발표논문.

이헌근(2001), 『통일, 민족주의 그리고 제3의 길』, 부산: 신지서원, 2001.

이헌근(2008a), "한반도 평화 논의와 이명박정부의 외교안보정책,"「국제문제연구」, 제8권 2호.

이헌근(2008b), "이명박 정부의 대북정책: 비판적 검토와 제언,"「북한학보」, 33집 1호.

일민국제관계연구원(2017), "한반도 정세 전망과 한국의 전략," IIRI Online Series No.39.

임강택(2018), "남북정상회담과 한반도 신경제구상," 통일연구원 Online Series CO 18-20.

임을출(2018), "평화와 번영의 한반도 시대로,"『평화가 먼저다』, 민주평통자문회의.

임혁백(2007), "한반도의 지정학적 재발견과 동아시아 중추국가 전략," 국토정책 제147호.

우수근(2008), 한중일 외교삼국지: 중국과 일본의 외교전략과 한반도, 서울: 삼성경제연구소.

우하오(2011), "중국의 창지투 개발계획과 환동해권 전략의 연계 가능성," 2011 한겨레-부산 국제심포지움 발표자료집.

진창이(2015), "중국의 한반도 정책 변화와 새로운 남북관계 건설," 제11회 한겨레-부산국제심포지엄 발표논문.

조명철(2009), "최근 두만강지역 개발 동향과 정책 시사점," 대외경제정책연구원.

조명철·김지연(2010), GTI의 추진 동향과 국제협력 방안, 대외경제정책연구원.

존 페퍼(2007), "동아시아 평화체제: 불가능성과 불가치성," 제3회 한겨레-부산국제심포지엄 발표논문.

조성렬(2013), "새 정부의 대북정책 과제와 추진전략," 21세기통일경제연구원,「한반도 신뢰프로세스 구상과 남북경협」.

최민자, 새로운 문명은 어떻게 만들어 지는가, 서울: 모시는 사람들, 2013.

최명해 외(2012), "중국의 두만강 이니셔티브'와 정책적 시사점," SERI 이슈페이퍼.

통일연구원(2017), 비핵 평화 번영을 위한 한반도 신경제지도 구상 학술회의 자료집.

피터 슈워츠 지음, 박슬라 옮김, 미래를 읽는 기술, 서울: 비즈니스북스, 2005.

피터 슈워츠 지음, 우태정·이주명 옮김, 이미 시작된 20년 후, 서울: 필맥, 2004.

표상용(2015), "유라시아 이니셔티브에 대한 단상," Russia-Eurasia Focus 제312호.

한반도평화포럼(2015), 『통일은 과정이다』, 서울: 서해문집.

한양대학교 아태지역연구센터 러시아 유라시아 연구사업단(2015), 『유라시아 경제연합: 지역통합의 현실과 전망』, 서울: 한울.

현승수 외(2015), 동북아 평화협력 구상과 유라시아 협력 추진을 위한 다자주의적 접근, 서울: 통일연구원.

홍순직(2017), "한반도 신경제지도 구상의 주요 내용 및 제언," 세종정책포럼 자료집.

고도를 기다리며

"독일통일의 교훈과 우리의 자화상"

동독 출신 시인 비어만은 "한반도 통일이 천국이 되는 것을 기대하지 말고, 통일이 지옥이 되는 것을 막아야 한다"고 우리에게 충고한 바 있다. 참으로 감사하고 솔직한 경고라고 생각한다.

오랜 시간이 흘렀지만 윤동주의 '자화상'은 여전히 이 시대의 '자화상'과 아련히 오버랩된다.

> "산 모퉁이를 돌아 논가 외딴 우물을 홀로 찾아가선 가만히 바라봅니다. 우물 속에는 달이 밝고 구름이 흐르고 하늘을 펼치고 파아란 바람이 불고 가을이 있습니다. …"

이 시에는 절망의 시대에도 희망을 놓지 않으려는 의지가 담겨있다. 아래의 글은 비록 미완이지만, 독일의 경험이 우리의 가슴으로 닿아올 수 있는 여지가 많아, 사색의 장을 공유할 욕심으로 소개하고자 한다.

1. 독일통일의 의미

우리에게 '그'는 누구일까? 그는 독일통일을 준비하고 완성한 자들이다. 독일통일의 큰 그림을 그린 선견지명의 정치지도자 빌리 브란트와 에곤 바르, 그리고 그 그림을 완성한 바이츠 제커와 헬무트 콜이 그들이다.

사민당정부에서 설계하고 추진한 동방정책은 실상 동독만을 대상으로 한 것이 아니라 동유럽 전체를 염두에 둔 것이었는데, 바이츠 제커야말로 개인적으로도 동유럽문제 해결이 필생의 정치적 과제로 삼은 운명의 소유자이다. 통일의 의미에 대해 바이츠 제커 대통령은 1990년 10월 3일 통일기념일 연설에서 다음과 같이 밝히고 있다.

"우리의 통일은 누구에게도 강요된 것이 아니며 평화롭게 합의된 것입니다. 독일 통일은 민족의 자유와 유럽 대륙의 새로운 평화질서 정착을 목표로 하는 유럽 역사발전 과정의 일부입니다. 이러한 목표에 우리 독일인들은 기어코자 합니다. 우리의 통일은 이에 봉헌합니다. … 국경이 더 이상 분리의 선으로 인식되지 않게 하는 것이 더 절실합니다. 독일의 모든 국경은 인접국들과 이어주는 가교가 되어야 합니다. 이것이 바로 우리의 의지입니다."

제커 대통령이 제시한 독일통일의 의미와 국경에 대한 인식전환의 강조는 우리게게 중요한 타산지석이 되어야 한다. 이와 관련하여 필자는 한반도의 지정학적 가치를 '창조적 가치'로 전환해나가는 지혜에 대해 오래전 강조한 바 있다.

1990년 10월 3일 '통일의 날' 바이츠 제커 대통령의 연설문은 우리에게 부러움과 더불어 타산지석의 교훈을 주고 있다. 연설문의 상당 부분을 아래에 인용한다. 이 연설문 속에 우리의 자화상, 미래를 향한 청사진 모두를 담고 있다고 생각한다. 반추하며 역사의 교훈으로, 미래를 여는 지혜로 삼을 수 있는 귀감이 된다.

"독일 통일은 모든 세계 민족의 자유와 이 대륙의 새로운 평화질서를 지향하는 유럽 역사발전 과정의 한 부분입니다. 우리 독일인들은 앞으로 이러한 목표가치에 도달하는 데 기여할 것입니다. 독일 통일은 유럽의 역사에 기여할 것입니다"(제커 195).

"소련의 고르바초프 체제는 민주주의와 시장경제로 개혁이 불가피하다는 것을 인식했습니다. 소련의 개혁은 자유가 없었다면 실패로 끝났을 것입니다. 소련은 개혁 과정을 통해서 용기있는 결론을 도출했습니다. 연방국가들의 후견·감독 역할을 포기하고 이들의 자결권과 주권을 존중해주었습니다. 이로 인해 역사적으로 전례없는 평화적인 혁명들이 중부, 동부, 남동부 유럽에서 일어날 수 있었던 것입니다. 동일한 방식으로 국가적 통일을 위한 독일 국민들의 자유로운 결정도 가능했던 것입니다. 소련 지도부가 추진하는 개혁정책은 현재 여러 난관에 복착했습니다. 그럼에도 불구하고 역사적인 공로를 인정받기에는 충분합니다. 또한 우리 독일 국민들을 포함해 전세계 수많은 사람들은 소련에 대해 고마운 마을을 품고 있습니다(199).

"폴란드, 헝가리, 체코슬로바키아 국민들과 이들의 시민운동에 대해서도 감사드립니다. 바르샤바, 부다페스트, 프라하 시민들은 우리들에게 모범이 되었습니다. 그들은 동독사회 내부의 자유를 향한 의지를 자신들 공동의 역사발전 과정으로 인식하고 고무적인 역할을 해주었습니다. 우리는 그들이 동독 난민들을 지원해줌으로써 동서독 장벽과 철조망을 극복하는 데 손수 기여해주었다는 점을 결코 잊지 못할 것입니다"(200).

"통일은 이제 형식을 갖췄습니다. 이제 실질을 기하고 생명력을 불어넣은 일만 남았습니다. 의회와 정부, 정당들은 함께 힘을 모아 이 일을 지원해야 합니다. 통일의 완성은 모두 주인의식을 갖고 이성과 감성으로 정성을 다했을 때 가능할 것입니다"(202).

"우리가 동서독 간의 격차를 줄이고자 한다면 지원정책과 함께 서로 간의 존중이 필요합니다. 동독 주민들에게 통일은 일상에서 완전히 새롭게 자신들의 생활방식을 바꿔야 하는 일입니다. 이것은 때로는 인간의 능력 범위를 뛰어넘는 과정이 될 수 있습니다. 언젠가 동독의 한 여성분이 저에게 편지를 보내온 적이 있습니다. 그분은 바로 자기 자신과 결별해야만 하는 그 많은 변화들이 정신을 그렇게 갉아먹는 일이 될 줄은 전혀 예상하지 못했다고 말했습니다. 동독 주민들은 그동안 동독정부와 결별하기를 바랐을 겁니다. 그럼에도 자신들 생활체계의 거의 모든 것을 미지의 것으로 대체하는 것은 매우 힘든 과정일 것입니다"(203).

"독일 통일의 이 순간, 한쪽에는 궁핍이, 다른 한쪽에는 풍요가 있습니다. 동독과 서독의 관계를 실패나 성공이나 선과 악으로 이분법적으로 사고하는 것은 무의미하고 비인간적인 일입니다. 동서독의 차이는 사람이 아니라 제도에 있습니다. 동독 시민들이 서독 시민들에게 수십년간 주어져왔던 기회를 동등하게 갖게 된다면 이 점은 더욱 명확하게 나타날 것입니다.
개개인의 삶은 고유한 의미와 존엄성이 있습니다. 무용한 삶은 존재하지 않고 고난의 경험은 더욱더 가치가 있습니다. 동독 주민들은 어려운 생활 여건 속에서도 인간적으로 중요한 가치들을 체험했고 우리는 바로 이것이 독일 통일의 발전 과정에 유용하게 쓰이기를 바랄 뿐입니다. 우리가 만약 이 점을 간과한다면 우리는 실패한 체제의 잘못을 되풀이하게 될 것입니다"(205).

역사는 우리에게 기회를 주고 있습니다. 우리는 이 기회를 확신과 신뢰 속에 살리고자 합니다(216).

2. 어떻게 통일을 이루었나?

독일통일의 배경으로 고르바초프, 빌리 브란트의 동방정책, 콜 총리의 외교력을 들곤 한다. 고르바초프는 글라스노스트와 페레스트로이카를 통해 독일인들에게 통일의 가능성을 열어주고 후원해주었을 뿐 아니라, 통일을 눈감아 주었다(이광재 17). 빌리 브란트는 동방정책을 통해 소련과 동유럽국가, 동독과의 화해와 교류를 가능하게 하였다. 콜 총리는 외교적 역량을 발휘하여 미·영·프·소 등 이웃 국가들을 설득하고 도움을 이끌어내 마침내 통일의 과업을 이루었다.

그렇다면 우리는 무엇으로 주변국을 설득할 것인가, 우리는 주변국에 무엇을 줄 것인가? 우리는 무엇으로 주변국과 협상할 것인지 고도의 전략적 외교가 요청된다. 콜 수상은 주변국과 '전략적 주고받기'를 통해 통일을 이루었다(이광재 45).

독일통일은 독일만의 힘으로는 불가능했다는 것은 주지의 사실이다. 독일의 경우 분단을 극복하기 위한 부단한 노력과 정치지도자들의 정확한 역사인식 그리고 소련과 동구사회의 개혁운동(자유화·민주화운동), 특히 소련의 독일에 대한 지지와 지원 등이 통일을 가능하게 한 요인이다. 1989년 독일의 경우처럼 한반도가 분단극복이 가능한 상황이 된다면, 누가 고르바초프의 역할을 대신해 줄 수 있을까? 현재로서는 아쉽지만, 그 역할을 할 지도자가 보이지 않는다. 미중러일에 공히 민주주의와 평화를 지향하는 새로운 지도자의 출현이 꼭 필요한 시점이다.

독일통일의 과정에서 타산지석의 교훈을 얻지 못한다면, 그 희생과 고통은 우리가 감내하기 힘들만큼 클지도 모른다. 독일통일은 민주주의의 승리이지 자본주의의 승리가 결코 아니다. 사회의 민주화, 삶의 질, 소통과 공감 수준 그리고 언론과 종교의 수준은 통일과정에 중대한 역할을 수행하였다. 특히 서독 TV방송의 역할은 통일이전 두 독일 간 소통과 이질화 해소에 크게 기여하였고, 통일 이후에는 방송이 민주시민교육의 매개체로 중요한 역할을 하고 있다.

아울러 동북아판 마샬플랜은 북한을 정상국가화하고, 남북교류와 동북아 평화의 초석을 놓기 위해 반드시 필요하다.

독일통일 10년이 지난 후, 「독일통일에 대한 연방정부 연례보고서」(1999)에 의하면, "동서독의 접근과정이 통일에 의해 졸지에 중단되었다"는 비판과 맞닿아있는 이와 같은 반성은 "동독주민의 74%가 구동독에 대해 여전히 결속감을 느끼는 반면, 통일독일에 결속감을 느낀다는 주민은 고작 47%에 불과하다"(이광재 72).

- 1961년까지 동독과 서독의 국경은 개방되었다.
- 동서독간의 만남이 다양하게 이루어졌다(교회 및 가족들의 접촉).
- 구동독 사람들 대부분은 서독의 매체를 수신할 수 있었다.
- 구동독은 유럽안보협력회의나 우엔 같은 국제기구의 회원이었고, 이 기구의 기본인권기준을 준수해야 했다.
- 개신교 교회가 독자적 구조를 갖춘 큰 조직으로 존재했다.
- 세월이 지나감에 따라 구동독에서는 다양한 문화가 공존하게 되었다. 예컨대 전통적인 독일문화, 산업문화, 공공연하게 사회주의를 추구하는 목표지향적 문화 그리고 대안문화가 그것이다.

이러한 배경에서 "완전지배사회"를 꿈꾸었던 구동독 지역에도 예외적인 공간인 "특수한 섬들"이 형성되었다(이광재 96-97).

요컨대 독일통일에 기여한 지도자들의 논의에서 필자가 발견한 깨달음을 정리하면 다음과 같다. "통일의 완성은 상대방에 대한 존경과 배려, 나눔의 정신에 있다. 개인주의와 물질주의에 매몰된 우리의 정신을 되돌아보고, 인성 회복의 중대한 계기가 되는 한민족의 위대한 탄생을 기대한다."

3. 국경과 동독 인식의 패러다임 변화

통일과정과 통일 이후 사회에서 특징적으로 나타나고 있는 동독의 힘에 대해 성찰할 필요가 있다. 통일과 더불어 동독은 사라졌는가? 오히려 통일독일은 최장수 메르켈 총리, 대통령, 국회의장, 사민당수 등 동독출신의 인재들이 중요한 역할은 담당하고 있음에 주목하자. 어떻게 독일통일 이후, 특히 정치영역에서 동독 출신 인재들의 역할이 눈에 띄는가? 비록 이들은 사회주의 체제에 있었지만, 평등하고 새로운 세계 그리고 독일의 미래와 관련된 '제3의 길'에 대한 관심(특히 지식인층)이 서독출신보다 상대적으로 높았다는 점이 이를 설명하는 요인이 된다. 이러한 관심이 통일독일의 각계각층에서 다양하게 분출되고 있다. 기존 독일체제의 모순과 통일 이후의 갈등요인을 극복하기 위해 독일로서는 참으로 다행스럽고, 우리로서는 부러운 현상이다. 과연 우리에게도 북한출신의 깨어있는 지식인 혹은 시민운동가들을 만날 수 있는 기회가 있기를 간절히 소망해본다. 비록 김일성 3대세습 사회주의 체제에서 사상·이념적으로 편향된 교육을 받았겠지만, 자립적이고 자주적인 그리고 민족지향적 순수함을 간직한 전후 엘리트층의 활약에 기대해본다.

독일과의 비교에서 우리의 통일과정에서 예상되는 어려움들 가운데 하나는 종교의 역할이다. 1980년대 통일 과정 과정에서 동독 교회가 선도적인 역할을 수행하였고, 통일 이후 독일에서 교회의 역할이 자못 지대하다. 하지만 우리의 경우 북한에는 자립적 종교가 존재하지 않은 지 오래고, 남한에서도 대형교회·대형 사찰의 지도부는 기득권 체제의 울타리 속에 들어가 민주주의의 퇴보와 분단 강화에 오히려 봉사하고 있지 않은가(통일은 과정이다. 염무웅 63).

독일 분단 극복과정에서 두 가지 중요한 특징을 발견할 수

있다. 그 하나는 독일역사에서 중세이후 오랜 연방주의 전통
과 경험이다. 즉 독일민족, 지명, 지역의 다양성이 존재함을
인정해온 역사적 경험이 분단체험과 분단극복을 이루는 중대
한 힘으로 작용하고 있다는 점이다. 또 하나의 특징은 그 이후
에 키워진 시민사회 형성의 토대가 된 시민들의 참여정신이다.

독일이 주는 또 하나의 메시지는 국경선을 활용하라. 독일
의 지정학적 위치 그리고 국경의 새로운 기능을 통찰하라는
시사이다. 과거의 국경은 대립 혹은 대결, 침략과 방어라는 폐
쇄적 공간이었다면, 현재의 국경은 유럽의 경우 교류와 협력,
소통과 왕래의 개방적 공간의 역할로 변모되었다. 이는 곧 국
가간 협력을 통해 새로운 발전의 기회가 열리는 영역이 국경
이 되어야 한다는 사실이다.

> "독일은 유럽 대륙의 중앙부에 있다. 아홉 개의 나라와 국경
> 선을 맞대고 있다. … 독일 통일은 전체 유럽의 동의하에 이
> 루어진 것이다. 이 때문에 오늘날 독일에 인접한 어떤 나라
> 도 우리를 경계하지 않는다. 독일 또한 어느 이웃나라에 대
> 해서도 마찬가지로 두려워하지 않는다. 독일은 유럽 대륙의
> 중심부에서 평화적 위상을 찾아가면서 오랫동안 지속된 독
> 일문제에 대한 해답을 얻었다"(제커 172).

> "국경이 지닌 분리하는 속성을 극복하는 것이 시급합니다.
> 독일의 모든 국경들은 이제 이웃나라들과의 관계에서 연결
> 고리가 되어야 합니다. 이것이 바로 우리의 바람이며 목표
> 입니다"(제커 196).

통일의 주역을 담당한 독일의 많은 정치지도자들은 일관되

게 고르바초프의 역사인식과 개혁마인드에 고마움을 표하고 있다(제커 199). 그러나 우리가 눈여겨 볼 점은 냉전체제가 해체되는 역사적 기로에서 통일을 선택하고 행동한 독일일 스스로의 역사의식과 준비성이 통일을 만들 수 있었다는 사실이다.

한편 내전과 군사독재, 이념적 편중성과 적대감, 공유가치의 부재, 즉 어떤 사회로의 지향에 대한 사회적 합의 부재 등이 독일의 경우와 대비되는 점이다, 무엇보다 동독과 북한의 차이는 민주주의의 경험 유무, 종교의 사회적 역할, 언론과 민주주의의 수준 독일의 경험에 비추어볼 때 무엇보다 국제정세 정확히 인식하고, 국민에게 방향을 제시할 비전과 사명감을 갖는 지도자의 존재가 중요하다.

북한이 가진 장점은 남한과의 비교에서 상대적으로 자존심, 자립심, 전통문화와 우리역사에 대한 높은 자부심, 가족중심의 문화와 국가에 대한 충성심 등을 들 수 있을 것이다.

반면 북한의 단점은 민주주의 경험이 전무하다는 것이다. 과거 동독은 히틀러 등장 이전인 바이마르공화국(1918~1937) 시대에 만개했던 민주주의의 경험이 있지만, 북한주민들은 자유에 대한 경험이 없고 오랫동안 고립되고 통제된 세계에서 살아왔다. 북한은 조선, 대한제국, 식민통치를 거쳐 분단과 스탈린에 의한 '이식된 사회주의'와 김일성 세습 전체주의를 경험하고 있다. 따라서 북한은 민주주의와 자본주의를 경험할 기회가 전무하였고, 이는 향후 통일과정에서 극복해야 할 중대한 과제로 남는다.

4. 우리의 자화상: 한국에의 충고와 교훈

남북 분단의 주된 원인은 일본의 한반도 강점에 있고, 그 분단 책임은 일본이 가장 크다. 한국전쟁의 가장 큰 수혜자 역시 미국과 일본이다. 미국은 2차대전 후 재고무기를 한반도에서 소진하여 경제부흥에 도움이 되었고, 일본 역시 경제 도약에 한국전쟁이 결정적 계기가 되었다(이광재 78). 그럼에도 불구하고 전후 일본의 정치지도자들, 특히 아베정부는 역사를 참회할 줄 모르고, 비극적이고 불행한 미래로 일본을 이끌고 있다. 이는 일본의 비극인 동시에 동북아, 나아가 인류의 불행이 된다. 일본의 역사보복으로 시작되어 한일간 경제전쟁이 한창인 2019년 8월 11일자 워싱턴 포스트 기고문에 브레진스키 교수는 일본에 대해 다음과 같이 경고하고 있다.

> "힘든 역사를 청산하지 않는 것은 향후 번영을 제한할 것이며, 나머지 세계도 그 결과를 겪을 수 있다. … 수십년 동안 두 나라는 일본이 식민지 과거를 어떻게 청산해야 하는 지에 관해 의견이 달랐다. 과거 잔혹행위를 청산하지 못한 것은 동아시아를 훨씬 넘어서는 경제적 효과를 가져올지 모른다. 일본의 불성실한 참회는 세계경제를 위협할 수 있다"(연합뉴스 2019. 8. 12일자).

한반도 통일을 위한 환경 조성과 통일의 의미 혹은 통일이 동북아와 세계 평화에 기여하는 정당성의 논리를 확산시켜야 한다. 남북교류와 한반도 평화는 언젠가는 통일한국의 탄생으로 이어지겠지만, 우리에게 필요한 것은 한반도 평화가 우선이다. 독일통일이 유럽 통합 과정의 일부라고 끊임없이 강조하였듯이, 우리의 통일은 동북아는 물론 세계의 협력과 평화의 시작점임을 끝없이 강조해나가야 한다. 남북한이 교류 협력 상생하는 한반도 평화는 동북아 지역의 역사적 화해의 첫걸음이고, 동북아 협력과 평화로 가는 첩경이 될 것이다. 나아가 한반도 평화는 세계사적 의미에서 냉전의 종결이요, 미중러일의 4강대립이 완화되는 출발점이기도 하다. 따라서 동북아와 세계평화를 위한 피스 존(peace zone)이고, 갈등의 완충지대인 동시에 '세계평화의 새싹'이 곧 한반도가 갖는 평화의 의미이며, 모두에게 윈윈(win-win)이 되는 유일한 공간이 한반도의 지정학적 가치이다. 이는 역으로 한반도 분단이 반드시 극복되어야 할 세계사의 필연적 과제임을 국제적으로 강조하고 설득해 나가야 한다. 이는 전적으로 우리의 역량에 달려있고, 외교적 지혜에 의해 실현 가능하다.

"동독 종말의 시작"을 연 사람 가운데 하나인 시인이자 작곡가, 가수인 볼프 비어만(Wolf Biermann, 1936~)은 한국 통일문제에 대해 다음과 같이 경고하며, 우리의 자성을 요구한다.

> "단언하건대 한국의 통일을 독일과는 비교가 되지 않을 정도로 엄청난 위험성을 지니고 당신들 앞에 다가오게 될 것입니다. 우리 독일인들도 비싼 대가를 치렀지만, 당신들이 겪을 일에 비하면 그건 아주 값싼 대가로 여겨질 겁니다. … 남북한의 통일이 낙원을 가져오리라는 믿음이 아니라, 지옥에 이르지 않게 하리라는 희망을 가지고 통일을 추구하라는 것입니다. 한마디로 이제 나의 희망은 천상적이고 이상적인

것이 아니라 지상적이고 현실적인 것에 근거를 두고 있습니다. 지상을 천국으로 만드는 것이 아니라 지옥에 이르지 않게 하는 것이 이제 나의 희망이라는 말입니다."

비어만의 경고는 막연한 통일에 대한 환상이나 기대보다, 통일이 지옥이 되는 것을 막는 노력과 지혜가 요구되며, 우리 스스로에게 성찰의 기회로 다가와야 한다는 사실이다.

그럼에도 불구하고 절망과 패배의식, 적대감으로는 세상을 바꿀 수 없다. 운명을 뛰어넘는 건 언제나 희망과 용기이다. 국제적 감각과 시대의 흐름을 읽을 수 있는 자, 역사의식과 사명감을 가진 지도자, 지도자의 밝은 눈만큼 국가도 국민도 미래를 향해 갈 수 있다는 것은 자명한 진리이다. 지도자의 역할은 위기와 갈등을 극복하여 사회를 화합시키고, 미래로의 비전을 제시하는 것이며, 지도자가 가져야 할 덕목은 용기와 지혜, 역사의식과 사명감이다.

희망이 미래를 만든다. 희망만이 살 길이다. 일제의 식민통치, 남북 분단과 6·25전쟁, 군사독재와 전체주의 독재, 이념적 폐쇄성과 극단적 적대감 등 불행한 경험과 아픈 역사의 한반도. 먼 훗날 역사발전의 수레바퀴에서 바라보면, 아픈 역사도 손해만이 아니고, 보다 성숙되어 우리 사회의 갈등을 풀어가는 지혜가 될 수 있음을 기억하자. 북한의 정상국가화는 한반도의 미래와 희망을 여는 첫걸음인 동시에 통일을 향한 역사적 산책의 출발점이다.

마지막으로 독일의 역사와 경험에서 배운 필자의 깨달음과 자각을 공유하며, 이 글을 맺는다.

"통일의 완성은 상대방에 대한 존경과 배려, 나눔의 정신에 있다. 개인주의와 물질주의에 매몰된 우리의 정신을 되돌아 보고, 인성 회복의 중대한 계기가 되는 한민족의 위대한 탄 생을 기대한다."

참고문헌

김누리 외(2006), 『변화를 통한 접근』, 서울: 한울 아카데미.
바이츠제커(2012), 『우리는 이렇게 통일했다』, 서울: 창비.
이광재 엮음(2014), 『대한민국 어디로 가야 하는가』, 서울: 휴마니타스.
이찬우(2015), 『동북아의 심장을 누가 쥘 것인가』, 역사인.
한반도평화포럼(2015), 『통일은 과정이다』, 서울: 서해문집.

이헌근

주요 경력
- 부경대학교 연구교수(정치학박사)
- 한국시민윤리학회 회장(2016)
- 한국세계지역학회 부회장(2010, 2016)
- 동아시아국제정치학회 부회장(2009, 2017, 2018)
- 21세기정치학회 부회장(2007, 2017, 2018, 2019)
- 한국정치학회 이사, 북한 및 통일연구분과위원장 역임
- 한일평화통신사 한국대표 역임
- 유네스코한국위원회 생명윤리시민패널 대표(2007)

주요 저서와 논문
- 『두만강에 평화가 흐를 때, 통일은 대박이다』(2017)
- 『한반도의 지정학적 가치를 넘어서: 창조적 가치와 통일담론』(2015)
- 『스웨덴 복지정치』
- 『현대 유럽의 정치: 그 이상과 현실』
- 『여성, 평등 그리고 정치발전』
- 『통일, 민족주의 그리고 제3의 길』
- 『북한의 이해와 한민족 통합』
- 『평화를 통한 국가이미지 제고와 통일과정에서의 활용방안』(통일연구원, 2006)
- 『정치학으로의 산책』(한울, 공저)
- 『지방정치학으로의 산책』(한울, 공저)
- 『세계화와 복지국가』(나남, 공저)
- 『세계를 향한 부산의 비전』(공저)
- 『믿을 수 있는 삶과 미래』(공저) 외 다수.
- 「스웨덴 여성 정치참여의 제도적 발전과정과 한국에의 적용가능성 연구」(2005, 『한국시민윤리학회보』)
- 「민족주의 담론을 통해 본 통일과 한민족 통합」(2006, 『국제문제논총』)
- 「여성의 정치적 대표성과 정치제도와의 상관성」(2007, 『한국시민윤리학회보』)
- 「한반도 평화 논의와 이명박 정부의 외교안보정책』(2008, 『국제문제연구』, 국가안보전략연구소)

- 「이명박 정부의 대북정책: 비판적 검토와 제언」(2008, 『북한학회보』)
- 「스웨덴 정치발전의 경험과 가치 공유」(2010, 『국제지역학논총』)
- "한반도의 지정학적 가치 극대화를 위한 북한의 정상국가화 방안,"(2016)
- "노르웨이 시민교육, 정치참여 그리고 민주주의,"(2016)

이외 유럽(스웨덴) 복지정치와 한민족 통일, 평화 문제 관련 논문 50여 편 발표.

관심분야
- 통일, 복지, 평등 그리고 평화(함께 사는 세상, 살 맛 나는 세상 만들기)

E-mail: rhee918@hanmail.net

통일한국을 위한
고독한 산책

초판인쇄 2019년 8월 30일
초판발행 2019년 8월 30일

지은이 이헌근
펴낸이 채종준
펴낸곳 한국학술정보㈜
주소 경기도 파주시 회동길 230(문발동)
전화 031) 908-3181(대표)
팩스 031) 908-3189
홈페이지 http://ebook.kstudy.com
전자우편 출판사업부 publish@kstudy.com
등록 제일산-115호(2000. 6. 19)

ISBN 978-89-268-9578-8 93330